A DIETA DO FATOR S

A DIETA DO FATOR S

AUMENTE O BEM-ESTAR
CONTROLE O APETITE
ELEVE A MOTIVAÇÃO
GANHE ENERGIA
EMAGREÇA

Lowri Turner

PUBLIFOLHA

Para meus filhos Griffin, Merlin e Ariel

The S Factor diet foi publicado originalmente no Reino Unido e na Irlanda em 2013 por Duncan Baird Publishers, um selo da Watkins Publishing Limited, 75 Wells Street, 6º andar, Londres W1T 3QH, Inglaterra.

Coordenação do projeto: Publifolha
Editora assistente: Adriane Piscitelli
Produtora gráfica: Samantha R. Monteiro

Produção editorial: Página Viva
Coordenação: Tácia Soares
Tradução: Lizandra M. Almeida
Consultoria: Sonia Tucunduva Philippi
Assistência de consultoria: Priscila Koritar
Revisão: Marina Tranjan
Diagramação: Bianca Galante, Priscylla Cabral

Edição original: Duncan Baird Publishers
Gerente editorial: Grace Cheetham
Editora: Krissy Mallett
Editora de arte: Manisha Patel
Projeto gráfico: Gail Jones
Produção editorial: Uzma Taj
Fotografia: Toby Scott
Produção culinária: Jayne Cross
Apoio de produção: Lucy Harvey

Dados Internacionais de Catalogação na Publicação (CIP)
(Câmara Brasileira do Livro, SP, Brasil)

Turner, Lowri

A dieta do fator S / Lowri Turner ; [tradução Lizandra M. Almeida].
– São Paulo : Publifolha, 2013.

Título original : The S Factor diet.
ISBN 978-85-7914-489-9

1. Dieta do emagrecimento 2. Dietas I. Título.

13-10594 CDD-613.25

Índices para catálogo sistemático :
1. Dieta de emagrecimento : Nutrição aplicada : Promoção de saúde 613.25

Este livro segue as regras do Acordo Ortográfico da Língua Portuguesa (1990), em vigor desde 1º de janeiro de 2009.

Impresso na South China, China.

PUBLIFOLHA
Divisão de Publicações do Grupo Folha
Al. Barão de Limeira, 401, 6º andar
CEP 01202-900, São Paulo, SP
Tel.: (11) 3224-2186/2187/2197
www.publifolha.com.br

Nota do editor

Apesar de todos os cuidados tomados na elaboração das receitas deste livro, a Duncan Baird Publishers não se responsabiliza por erros ou omissões decorrentes da preparação dos pratos.

Pessoas com restrições alimentares, grávidas e lactantes devem consultar um médico especialista sobre os ingredientes de cada receita antes de prepará-la.

As informações contidas neste livro não excluem a consulta a um médico, endocrinologista e/ou nutricionista. Todas as decisões de cunho médico devem ser tomadas sob a orientação de um especialista.

As fotos deste livro podem conter acompanhamentos ou ingredientes meramente ilustrativos.

Observações, exceto se orientado de outra forma:
Use sempre ingredientes frescos.
O forno deve ser preaquecido na temperatura indicada na receita.

Equivalência de medidas:
1 colher (chá) = 5 ml
1 colher (sopa) = 15 ml
1 xícara (chá) = 250 ml

Agradecimentos da autora

Agradeço muito a meus filhos Griffin, Merlin e Ariel por experimentarem algumas receitas, sem dúvida com algum grau de desconfiança (Merlin: "Nisso aí tem verdura?"), assim como por serem uma fonte constante de interesse e diversão. Agradeço também a Toby, Gail, Jayne e Lucy por fazerem as receitas ficarem tão bonitas, e a Grace e Krissy por seus conselhos e edição atenta.

Nota da autora

Hormônios e neurotransmissores são mensageiros químicos que ativam os sistemas do nosso corpo, como queima e acúmulo de gordura. Os hormônios são liberados pelas glândulas endócrinas, enquanto os neurotransmissores são liberados pelos nervos. O hormônio leptina e os adrenais como cortisol e adrenalina podem afetar nosso peso, assim como os neurotransmissores serotonina e dopamina – você vai ler sobre todos eles neste livro. Para simplificar, usei o termo "hormônios do Fator S" para me referir a esse grupo de hormônios e neurotransmissores.

sumário

introdução

O que eu sei sobre dietas? Eu já comecei muitas. E também abandonava todas. Na adolescência e entre os 20 e 30 e poucos anos, minha vida se dividia em três categorias: fazendo dieta, desistindo dela e comendo tudo que estivesse na frente porque ia começar uma nova dieta.

O que piorava tudo era que as pessoas me tratavam de um jeito diferente de acordo com meu peso. Quando eu estava magra, os homens gostavam de mim, me paqueravam e me convidavam para sair. Quando estava gorda, ou ficava invisível ou ouvia comentários de adolescentes mal-educados na rua. Quando virava a Olívia Palito, as mulheres pareciam muito desconfiadas. Só quando eu ganhava peso é que voltava a fazer parte do grupo.

Mas espere aí, nós não somos as mesmas pessoas independentemente do acolchoamento que temos? Parece que o mundo não pensa assim.

A maioria dos livros de dieta parece ter sido escrita por pessoas que nunca foram gordas. Elas dizem que a aparência não importa. Passei tantos anos sendo gorda, magra e tudo que existe entre um e outro extremo que posso dizer que importa, sim – para você e para todo mundo que se sente no direito de emitir uma opinião. Eu ainda me lembro do constrangimento de me sentar no metrô quando adolescente, tentando evitar que a lateral do meu quadril tamanho 46 encostasse na pessoa ao meu lado. O que eu queria saber na época era: por que outras pessoas comiam normalmente e continuavam com o mesmo tamanho e eu não?

Alguns anos e três bebês depois, agora sou um estável tamanho 38. Não guardo mais calças pretas em três tamanhos; não começo mais o dia jurando manter a dieta e desistindo às 18h para comer um pote inteiro de sorvete; e nunca mais me senti culpada, zangada e deprimida por causa de comida.

Não vou dizer que sou santa. Tenho meus dias de "folga", mas não fico mais obcecada com isso. Sinto-me feliz e saudável. Observo o que como porque conheço meus lugares escuros. Alimento meu cérebro e meu corpo com a comida certa porque sei como me sinto melhor com isso. Também preciso admitir que tenho uma boa dose de vaidade – quero caber em minhas roupas.

Então, o que mudou? Dizem que conhecimento é poder e para mim foi uma revelação. Quando tentei engravidar pela primeira vez, há 13 anos, fui diagnosticada com a síndrome do ovário policístico (SOP), que altera os níveis de glicose no sangue e pode provocar ganho excessivo de peso. Não recebi qualquer orientação, só remédios para infertilidade que me fizeram inflar como o boneco da Michelin. Foi desastroso, já que eu era apresentadora de TV e tinha sempre uma câmera apontada para os meus piores ângulos. Mas essa foi só a primeira parte do quebra-cabeça... A segunda foi que eu tive um filho hiperativo, e os médicos sugeriram que eu mudasse sua dieta. E então me divorciei (pela primeira vez...) e o estresse me fez querer comidas gostosas. Também desenvolvi rosácea – um problema de pele que causa vermelhidão em forma de borboleta no nariz e nas bochechas. Comprei toneladas de cremes, mas nada ajudou. As pistas estavam ali – mude o que você come, Lowri.

Mesmo assim, eu realmente não queria virar natureba. Achava que essas pessoas eram chatas e, por ser mãe solteira e trabalhar fora, estava ocupada e exausta demais. Meu trabalho era ir até a TV e ser animada e MAGRA.

Eu me amparava na nicotina, na cafeína e no açúcar, mas meu corpo estava entrando em colapso e eu o ignorava.

O fundo do poço finalmente veio quando desenvolvi uma coceira tão forte na palma das mãos que não podia dirigir. O médico me receitou hidrocortisona, mas também me perguntou se eu tinha alergia a laticínios. Pensei em retrospecto em um ano antes, quando o médico tinha sugerido que uma combinação de estresse e muito sorvete poderiam ter contribuído para minha rosácea. A grande questão era que minha dieta estava me fazendo adoecer.

Comecei então a pesquisar sobre como a alimentação poderia fazer com que eu parecesse e me sentisse melhor. Conforme mudei meus hábitos alimentares, meu peso começou a se estabilizar e me senti mais energizada e positiva. E, mais importante, comecei a me sentir no controle do que eu comia. Para quem nunca teve problemas com a comida isso pode parecer algo pequeno. Porém, para quem começa com um biscoito e acaba com um pacote inteiro, e depois joga a embalagem fora para esconder as evidências, esse foi um momento "Eureca!". E com ele se foi a garota que acendia um cigarro no outro e tinha uma geladeira embaixo da mesa cheia de champanhe e uma gaveta na escrivaninha permanentemente estocada com chocolate. Eu agora me tornara uma convertida à comida saudável.

Em 2005, comecei a estudar nutrição com a intenção de mudar de carreira. Para ser sincera, achava que seria bem fácil. Em vez disso, passei um ano inteiro estudando anatomia e fisiologia. Quanto mais eu aprendia, mais comecei a entender por que tantos de nós têm dificuldades com a comida. Aprendi como níveis instáveis de açúcar no sangue levam a um humor instável e isso, por sua vez, leva a vontades incontroláveis, compulsão e ganho de peso. Com meu histórico de guerra contra o peso, porém, eu mais do que ninguém sabia que a maioria de nós acha difícil se comprometer com uma dieta.

Abri as portas para meus primeiros clientes de perda de peso em 2009, e tudo corria muito bem. Quer dizer, havia um cliente ou outro que não parecia capaz de aderir à dieta, mas eu disse a mim mesma: "8 em cada 10 não é mau". E me pus a pensar. Fiz um pouco mais de pesquisa e comecei a experimentar (de uma maneira legal) com meus clientes. Logo me dei conta de que tinha deixado passar algo totalmente óbvio: comer demais é uma forma de automedicação, e não só no sentido figurado.

Hoje acredito que comer demais pode ser uma tentativa psicológica de corrigir desequilíbrios no que chamo de hormônios do Fator S – químicos naturais que a princípio todos nós produzimos em abundância, mas nem sempre. Os cientistas hoje sabem que certos alimentos estimulam a produção de alguns hormônios (leptina e hormônios adrenais, como o cortisol) e neurotransmissores (serotonina e dopamina). Esses hormônios controlam a fome e a saciedade depois de comer. Morrer de vontade de comidas pouco saudáveis é a tentativa do corpo mal informado de liberá-los e controlar os níveis de açúcar no sangue. Então, ao criar minhas dietas, eu estava tentando convencer os clientes a comer salada enquanto o cérebro deles gritava "CHOCOLATE!". Eu sugeria que eles podiam apreciar uma maçã quando seus cérebros urravam: "QUERO MACARRÃO AGORA!". Francamente, não sei como não me estrangularam.

A partir de muita ciência complicada, minha mensagem simples é: você pode perder peso se fizer seus hormônios do Fator S trabalharem direito.

E como conseguir isso? É o que este livro explica. Preencha os questionários para determinar suas necessidades. Então, crie um plano de deliciosas refeições adequadas a você. Eu não tirei essa ideia do nada – aperfeiçoei a dieta do Fator S após trabalhar com clientes com verdadeira perda de peso. Sei que funciona. Leia e aprenda a ciência por trás da dieta.

a dieta do Fator S

Dietas não funcionam, certo? As antigas com certeza não. Elas nos fazem sentir deprimidos, letárgicos e, quando nosso peso dispara novamente, gordos! Só uma antiga especialista em dietas em série (como eu) pode realmente conhecer o terrível sentimento de fracasso de quebrar mais uma dieta depois de um momento de loucura por biscoitos ou de ataque à geladeira.

Agora você pode dizer "nunca mais" a esses terríveis sentimentos negativos. A dieta do Fator S enfrenta a causa da compulsão (desequilíbrios hormonais), não só seu efeito (o assustador aspecto de pneu). Foi criada para você se sentir bem consigo mesmo, esquecendo a "deprê da dieta" e sentindo-se motivado a comer bem e a fazer exercícios.

a dieta do Fator S

Os cientistas atualmente já sabem que certas comidas têm um efeito direto sobre nossa maneira de pensar e sentir. A dieta do Fator S vai além. Foi criada para melhorar seu humor, reduzir seu apetite e queimar gordura. Vamos começar com algumas perguntas:

- Você quer perder peso?
- Você tem um armário cheio de roupas que não servem?
- Você é um comedor emocional ou se conforta comendo?
- Você começa dietas e as abandona?
- Você está matriculado na academia, mas nunca vai?
- Você morre de vontade de comer chocolate, massa ou sorvete (especialmente à noite)?
- Você sai para comprar roupas e, se nada serve, acaba comprando um par de sapatos ou uma carteira?

Se você respondeu "sim" a qualquer uma dessas questões, a dieta do Fator S é para você. Ela foi criada para ajudar você a perder peso ao colocar seus hormônios do Fator S para funcionarem direito. Esses químicos naturais controlam a fome e a saciedade que se sente depois de comer. Podem melhorar o humor, dar mais energia e aumentar a motivação. E, mais importante, ajudam a queimar gordura.

Comemos menos quando estamos felizes

É claro que é possível perder peso quando se está deprimido. Certa vez tomei um fora de um namorado no meio de uma rua movimentada. (Ele achou que eu não faria uma cena em público – como estava enganado!) De qualquer forma, fiquei tão arrasada que sobrevivi praticamente de chardonnay por um mês. Perdi um monte de peso e as pessoas diziam que eu estava o máximo (eu me sentia péssima). Mas, na verdade, é quando estamos felizes que comemos menos. Reservamos um tempo para cuidar de nós. Quando estamos felizes, não precisamos nos tranquilizar com pratos cheios de massa ou fatias enormes de bolo. Nosso apetite diminui e nossa motivação para levantar e fazer coisas aumenta.

Comer para se sentir feliz

A dieta do Fator S se baseia na ligação cientificamente comprovada entre certos hormônios e os alimentos que comemos. Essas incríveis substâncias são produzidas naturalmente e em abundância por nossos corpos. Tudo que temos de fazer é dar a eles a matéria-prima para produzi-los – exatamente como abastecer o carro. Uma vez abastecido com as quantidades certas desses hormônios especiais, você terá um apetite menor, menos compulsões e mais motivação para se exercitar. Também pode queimar gordura com mais eficiência, dormir melhor e ter uma sensação de bem-estar. Para as mulheres, a TPM e outras condições como a síndrome do ovário policístico e a endometriose podem ser atenuadas.

Parece o máximo, então por que você nunca tinha ouvido falar disso antes? Principalmente porque é uma ciência muito nova. As descobertas sobre a leptina, um dos hormônios do Fator S sobre os quais falo neste livro, estão literalmente sendo feitas enquanto escrevo. Estudos aprofundados sobre serotonina e dopamina, dois outros importantes hormônios do Fator S, só têm sido realmente possíveis depois que os métodos de diagnóstico por imagem do cérebro começaram a ser desenvolvidos. Essas descobertas revelaram que todos produzimos mais hormônios do Fator S no intestino do que no cérebro. Por isso, há uma conexão recíproca entre como nos sentimos e o que comemos, é uma via de mão dupla.

Tudo isso faz as antigas dietas parecerem, ora, antigas.

o problema das dietas

Isso também explica por que você abandonou tantas delas – foi a dieta que fracassou, não você, aliás. O problema da maioria das dietas é que elas fazem você ficar deprimido. Isso não acontece só porque passa a viver de alface, mas também porque elas o privam da matéria-prima necessária para produzir os hormônios do Fator S. Dietas convencionais falham de duas formas principais:

Dietas com baixo teor de gordura

Reduzir a gordura saturada, do tipo que você encontra na carne, queijo, leite etc., pode ser bom. Por exemplo, parece haver uma correlação entre alta ingestão de gordura e problemas cardíacos. Reduzir as gorduras trans também é essencial. Gorduras trans são as fabricadas pelo homem, processadas, e surgem quando gorduras líquidas se tornam sólidas por um processo chamado hidrogenação. Gorduras trans são encontradas em junk food barata como salgadinhos e biscoitos e têm sido associadas ao câncer. Mas dietas pobres em gordura podem ser problemáticas.

Dietas com baixo teor de gordura emburrecem

Se cortar toda a gordura de sua dieta, você pode perder as gorduras boas do tipo ômega 3, 6 e 9, também conhecidas como gorduras "essenciais". Elas são encontradas em peixes gordurosos como o salmão, assim como em nozes, sementes e azeite. Precisamos dessas gorduras para que nossos cérebros e corpos funcionem adequadamente. Redes neurais transportam mensagens essenciais nos dois sentidos, funcionando mais ou menos como a rede elétrica. Quando não funcionam direito, nossa correspondência cerebral fica mais lenta, afetando nossa capacidade de concentração e de pensar com clareza.

Dietas com baixo teor de gordura engordam

Não comer gorduras essenciais suficientes tem sido diretamente associado à depressão. O que fazemos quando estamos deprimidos? Comemos, é claro. Só que não ficamos fissurados por brócolis, e sim por chocolate, biscoitos, bolos… todas as coisas que realmente engordam. Dietas de redução de gordura podem ser também muito "açucaradas", mas com isso não quero dizer cheias de sonhos de padaria. Comidas com carboidratos e pouca gordura como arroz, massas e batatas assadas têm um alto IG, que significa índice glicêmico – a medida da rapidez com que os carboidratos são quebrados em açúcar e chegam à corrente sanguínea. Comidas com alto IG liberam o açúcar rapidamente. Porém, se o nível de açúcar no sangue aumenta rápido demais, é armazenado como gordura. Já foi demonstrado que gorduras essenciais diminuem a velocidade com que seu estômago esvazia – reduzindo a velocidade com que o açúcar entra no sangue. Isso ajuda a estabilizar o açúcar e a reduzir o armazenamento de gordura. Então, em termos de perda de peso, comer as gorduras certas pode evitar que você engorde.

Dietas com baixo teor de gordura podem causar TPM para as mulheres

Toda célula do nosso corpo tem uma "pele" à sua volta, em parte feita de gorduras essenciais. Essas gorduras são líquidas em temperatura ambiente – pense no azeite, que escorre e contém gorduras essenciais, contra a manteiga, que é sólida e cheia de gorduras saturadas. Gorduras essenciais mantêm as paredes das células flexíveis, o que é necessário para que todos os hormônios, incluindo os sexuais, funcionem bem. Se você não tem essas gorduras em quantidade suficiente, seus hormônios não vão funcionar direito. Isso pode piorar

a dieta do Fator S

os sintomas da TPM e agravar problemas hormonais, como endometriose e síndrome do ovário policístico.

Dietas ricas em proteína

Então, as dietas ricas em proteína são melhores? Essas dietas são controversas, apesar de eu não achá-las tão ruins quanto as com baixo teor de gordura. Com elas você pode abusar de certas coisas gostosas, mas comer manteiga, queijo e creme de leite o dia todo não é uma boa receita para uma vida longa e saudável. Acima de tudo, você provavelmente ficará com o intestino preso e se sentirá horrível.

Dietas ricas em proteína fazem você ficar irritado

Em termos de bem-estar, as dietas ricas em proteínas são péssimas. Um dos mais importantes hormônios do Fator S (e que dá o nome deste livro) é a serotonina. Bons níveis de serotonina ajudam a nos sentirmos felizes.

A serotonina é feita de triptofano – um aminoácido que entra em nosso corpo na forma de proteína. Mas, para entrar no cérebro, a serotonina exige uma dose de insulina. Como se aumenta a insulina? Comendo açúcar. Dietas ricas em proteína fazem você ficar deprimido ao cortar a dose vital de açúcar necessária para se produzir a serotonina.

Há outras preocupações sobre dietas super-ricas em proteína, incluindo níveis reduzidos de vitamina C, perda de cabelo e sobrecarga nos rins. Porém, acho que os efeitos depressivos são especialmente problemáticos para a perda de peso permanente. Mesmo fisiculturistas, que passam por uma fase de "corte", comendo só proteínas na preparação para as competições, com frequência dão uma "roubadinha", pois sabem que um pouco de carboidrato é essencial para ter energia para malhar. E também evita que eles se estrangulem com o cordão dos calções devido à deprê da falta de carboidratos. É fato: você precisa ficar feliz para continuar magro, e é exatamente isso que a dieta do Fator S faz.

Se a felicidade é o caminho para manter a forma, como ficar feliz? Nem todo mundo vai ganhar na loteria ou esbarrar com o George Clooney ou com a Angelina Jolie justamente na hora em que eles decidirem que na verdade precisam mesmo é de parceiros gordinhos. É claro que há fatores externos que afetam nossa felicidade, como relacionamentos, dinheiro e saúde, mas nem tudo está sob nosso controle.

A dieta do Fator S faz você feliz

Há outra fonte de felicidade, interna, que pode ajudar você a perder peso. Não estou falando de aumentar a autoestima usando clichês do tipo "a cada dia, de todas as formas, estou cada vez melhor". Minha abordagem é pragmática. A dieta do Fator S tem a ver com mudar a bioquímica de seu corpo e especialmente de seu cérebro ao mudar o que se come para que você se sinta melhor e mais saudável.

Na dieta do Fator S, você não vai ficar sem carboidrato, mas provavelmente comerá mais proteína magra do que estava acostumado. Muitos clientes dizem ter uma dieta saudável, mas comem mingau no café, sanduíche no almoço e macarrão no jantar. Estão com sobrepeso e deprimidos. A dieta do Fator S também foi criada para ser naturalmente pobre em gorduras saturadas e rica em gorduras amigas dos hormônios. As receitas são boas para o coração, o cérebro, a barriga, e você será capaz de se agradar com doces – outro motivo para se sentir feliz. Para fabricar os hormônios do Fator S de modo a perder peso, você precisa comer proteína. Comidas ricas nisso, como carne, peixe, ovo e proteína vegetal, são o coração da dieta do Fator S.

Então, como a dieta do Fator S funciona?

A dieta do Fator S não é uma dieta radical que você faz e depois volta ao "normal" (recuperando todo o peso que perdeu e um pouco mais). É uma abordagem alimentar que pode e deve ser mantida vida afora. Sei que pode soar assustador, mas quando pegar o jeito de seu plano do Fator S, você vai se sentir tão melhor que não vai querer voltar atrás.

A dieta inicialmente foca em planos de refeições de catorze dias para equilibrar os hormônios – um para cada hormônio do Fator S (pp. 32-9). Cada plano se divide em duas fases e há receitas para cada uma. A Fase 1 é o estágio de perda rápida de gordura, enquanto a Fase 2 foca na perda de peso mais constante. Ter duas fases também é bom psicologicamente. Sua motivação é sempre maior no começo de um projeto novo, seja a montagem de um móvel ou uma dieta, então é na Fase 1 que você realmente ataca a perda de peso mantendo-se nas 1.000-1.200 calorias por dia. Na Fase 2, a contagem de calorias varia de 1.000-1.600 por dia e você poderá desfrutar de uma ampla variedade de pratos.

Os planos de refeições foram criados para ajudá-lo a tirar o melhor de seus hormônios do Fator S, supressores de apetite e motivadores naturais, para que você possa se sentir mais feliz e perder peso. Mas cada um tem necessidades próprias, e, quanto mais sob medida forem os planos de refeições, mais sucesso você terá. É aí que entram os questionários (pp. 20-3), pensados para determinar se você está com os hormônios do Fator S em baixa de modo geral ou se tem um problema particular com um ou outro. Assim que tiver preenchido os questionários, saberá qual dos quatro planos de refeições de catorze dias é o certo para você.

Qualquer que seja o plano escolhido, você pode diminuir um tamanho de roupa em duas semanas. Mas se precisa perder mais do que isso, pode permanecer na Fase 2 até chegar ao seu objetivo. E eu não vou abandonar você nesse ponto crucial. (Lembre-se de que eu era muito boa em perder peso, mas péssima na manutenção.) Depois de atingir sua meta, você pode avançar para a Dieta vitalícia (pp. 124-5). Aqui você encontra ainda mais ideias de receitas (incluindo mais carboidratos saudáveis, como arroz integral e aveia). E também pode se permitir uma contagem maior de calorias, em torno de 1.500 a 2.500 por dia.

Os princípios da dieta do Fator S

A chave para manter o peso longe é ater-se aos princípios da dieta do Fator S. Cuide de seus hormônios do Fator S e seu peso vai cuidar dele mesmo sozinho.

1 Coma muita proteína magra, especialmente no café da manhã, para produzir muitos hormônios do Fator S.
2 Equilibre seu açúcar no sangue para manter os hormônios do Fator S em funcionamento adequado e evitar a compulsão. Coma grãos com baixo IG como aveia e centeio, e leguminosas como lentilhas e grão-de-bico, tomando cuidado com o tamanho da porção.
3 Inclua muitas gorduras essenciais em sua dieta para que seu cérebro use os hormônios do Fator S adequadamente – coma nozes, sementes e peixes gordurosos como salmão, sardinha e cavalinha.
4 Faça seu lanchinho noturno do Fator S para prevenir autoindulgências antes de dormir.

Pronto para começar? Primeiro, aqui vai um pouco mais de informação básica. Lembre-se: conhecimento é poder.

um pouquinho de ciência

Ok, agora preste atenção sem se largar na cadeira. Eu não era uma grande fã de química na escola, mas a ciência da perda de peso hoje é muito mais interessante, certo?

Se você nunca travou uma longa batalha com a comida, é muito fácil menosprezar a falta de autocontrole como se fosse uma questão de força de vontade ou de desequilíbrio. Quero que você entenda que sua fisiologia é a condutora de seu comportamento, pois, sabendo disso: a) você pode se perdoar; b) você pode recuperar o controle sobre o que come. Quando conseguir fazer os dois, será capaz de perder peso e mantê-lo bem longe.

Todos juntos agora: "Não me arrependo de nada". Bem, depois de dois divórcios eu tenho um bom tanto, para não dizer um monte, de arrependimentos, que eu adoraria varrer para debaixo de um tapete bem grande. Mas essa é outra história e outro livro. Este é sobre diminuir logo essas coxas.

Os hormônios do Fator S

Então, o que são esses químicos naturais que eu gosto de chamar de "hormônios do Fator S" e como eles podem nos ajudar a perder peso?

Há muitos hormônios e neurotransmissores que afetam o peso. Eles são produzidos por glândulas, por células de gordura, pelo revestimento do intestino e pela mastigação ou dilatação do estômago. Os cientistas descobrem novos hormônios o tempo todo, e cada um promete ser a resposta para a perda de peso. A verdade é que eles funcionam juntos em relações e ritmos complexos. Se um se esgota ou passa a dominar, isso afeta os demais. E pode causar ganho de peso.

É por isso que a dieta do Fator S é principalmente uma dieta que equilibra os hormônios. A meta é colocá-los para funcionar bem, para que possam ajudar-se entre si e ajudar você a perder peso.

A dieta do Fator S se concentra nos quatro hormônios que têm o maior efeito sobre o humor, o apetite e o peso. São eles:

S **Serotonina: o hormônio do "bom humor"**
Bons níveis de serotonina nos fazem sentir calmos, satisfeitos e livres de compulsões. Serotonina baixa afeta o sono, nos faz sentir deprimidos e nos transforma em chocólatras.

D **Dopamina: o hormônio da "motivação"**
A dopamina é o químico liberado em nossos cérebros em resposta a uma recompensa. A baixa dopamina enfraquece nosso controle na hora em que a tia do escritório passa oferecendo cupcakes, e transforma qualquer prateleira de chocolates de um supermercado em um pesadelo.

L **Leptina: o hormônio da "fome zero"**
A leptina diz ao nosso cérebro quando temos gordura corporal suficiente e então reduz nosso apetite e acelera nosso metabolismo para queimar o excesso. Quando você fica acima do peso, ela para de funcionar bem e você se sente gordo e faminto.

A **Adrenais: os hormônios do "estresse"**
Esse grupo de hormônios, que inclui a adrenalina e o cortisol, é secretado pelas glândulas adrenais. Na quantidade certa, eles nos dão energia. Em excesso, nos tornamos assaltantes exaustos de geladeira.

Nasceu para o bolo de chocolate?

Fatores genéticos também podem desempenhar um papel no ganho de peso. Os cientistas recentemente têm focado na chamada "síndrome do gene da frugalidade", que confere às pessoas com determinado DNA a capacidade de estocar mais comida como gordura – ótimo na escassez, mas bem chato quando você tem uma geladeira tamanho gigante e quer caber naquela calça jeans.

Também tem havido interesse científico em um gene que parece responder por um número menor de receptores D2 de dopamina (DRD2) no cérebro. Tem sido chamado de gene do baixo DRD2 ou baixo D2, e está sendo interpretado como o "gene do vício". Acredita-se que se você tem menos receptores de dopamina você pode tentar superestimular os que tem e desenvolver vontades incontroláveis.

Esse gene pode explicar por que o vício tende a ser coisa de família. Certamente parece haver uma correlação entre esse gene defeituoso e o excesso de bebida. Álcool é açúcar, então há uma certa lógica ao sugerir que o mesmo gene pode também levar ao "vício" em doces.

Pessoas que têm o gene do baixo DRD2 parecem ser vulneráveis a tudo que possa estimular as sensações de prazer. Pode ser cigarro, uma taça de vinho ou uma fatia de bolo. O problema adicional é que quanto mais você estimula o caminho da dopamina no cérebro, mais ele precisa ser estimulado – então você acaba comendo pedaços cada vez maiores de bolo para conseguir o efeito de prazer "normal".

Sempre pergunto a meus novos clientes se há histórico de comportamento compulsivo (vício em álcool, drogas ou jogo) na família, assim como se há histórico de diabetes ou problemas cardíacos. Na verdade, uma grande parcela deles é filho de alcoólatras ou bebem demais ou costumavam usar drogas recreativas quando adolescentes.

Mas o ponto é que você é mais do que seu histórico familiar, mais do que só DNA. Muitas pessoas nasceram em ambientes difíceis e não desenvolveram vícios nem têm comportamentos compulsivos.

Pessoalmente, gosto bastante de pessoas compulsivas – elas têm uma determinação e um foco incríveis. É verdade que isso pode levá-las a fazer coisas totalmente prejudiciais à saúde, mas também pode levar a grandes realizações. Sir Edmund Hillary não teria sido compulsivo em alcançar o Everest? Sem dúvida. Não digo que todos os empreendedores são compulsivos, mas isso realmente ajuda.

Muitos clientes meus gostariam de não ser compulsivos, mas essa ambição faz parte de um ódio geral de si mesmos que é abastecido com comida. Quando você se sente mal consigo mesmo, não investe na própria saúde. Mas se aceita sua personalidade e descobre pontos positivos nela, e até se sente orgulhoso, a probabilidade de cuidar de si fazendo exercícios e comendo bem é muito maior. Então, perdoe-se por ser compulsivo ou descreva-se como uma pessoa "passional". Pense em tudo que já realizou: projetos profissionais executados, filhos criados, casas reformadas, qualificações adquiridas. Você está de parabéns!

Se herdou um traço compulsivo, há outras boas notícias. Os cientistas acreditam que você pode ligar e desligar genes e reduzir suas vontades compulsivas com os ditos "fatores de estilo de vida", como comer adequadamente e exercitar--se. A dieta do Fator S foi criada para ajudá-lo a desligar sua urgência genética por comer demais alimentos gordurosos e doces, ao equilibrar seus hormônios do Fator S.

Serotonina

O hormônio do "bom humor"

A serotonina é um neurotransmissor que produzimos no cérebro. Ela ajuda a nos sentirmos felizes, satisfeitos e calmos. Parece fantástico, mas eis a pegadinha – algumas pessoas produzem mais serotonina do que outras.

A notícia é realmente ruim se você não tem cromossomos Y, porque as mulheres produzem menos serotonina do que os homens. Elas podem argumentar que isso significa que nasceram para ser rabugentas. Desculpem, rapazes. E pode piorar. Elas produzem ainda menos serotonina pouco antes de menstruar – tipo a raiva da TPM.

O motivo é que a serotonina e o estrógeno estão interligados. Quando o nível de estrógeno cai pouco antes da menstruação, o mesmo acontece com a serotonina. Os químicos vão apontar outro problema potencial: a menopausa ou, na verdade, a perimenopausa, que pode começar a partir dos 35 anos, quando o corpo das mulheres se prepara para a menopausa e a produção de estrógeno começa a cair. Muitas clientes dizem que nunca tiveram problema com chocolate, mas que agora, aos 39, começaram a detonar uma caixa de bombons em uma sentada. Obviamente, eu sugiro a dieta do Fator S.

Você não precisa de remédio

Os médicos já conhecem o poder da serotonina. Antidepressivos como fluoxetina e citalopram são conhecidos como inibidores seletivos da recaptação da serotonina (ISRS). Eles funcionam para suspender a depressão ao prolongar e aumentar o efeito que a serotonina tem no cérebro. Mas os ISRS podem ter efeitos colaterais. Você pode se sentir grogue, e seu desejo sexual, ser afetado.

O motivo pelo qual a serotonina é importante na perda de peso é que seu índice baixo não só faz você se sentir deprimido, irritado e tudo o mais, como também faz sentir FOME, daí a larica da TPM para as mulheres! Mas o nível correto de serotonina ajuda a reduzir o estresse e a ansiedade e é um supressor natural do apetite. Também melhora o sono, o que é uma boa notícia para os níveis de leptina, sobre a qual você pode ler mais adiante neste capítulo (p. 17).

Para quem faz dieta, então, a serotonina é como uma "pílula" milagrosa natural. Ela reduz o nível das compulsões, leva embora toda a fome emocional e basicamente faz você querer comer menos. E a melhor parte é que você pode fazer isso sozinho e de graça!

A serotonina é feita do aminoácido triptofano, que é obtido a partir de certos alimentos. As melhores fontes de triptofano incluem:

- Abacate
- Banana
- Leguminosas
- Frango
- Ovo
- Peixe
- Peru

Porém, o triptofano é uma molécula pequena que não entra fácil no cérebro. Mesmo comendo a quantidade suficiente de alimentos com triptofano, você também precisa de um pouquinho de açúcar para estimular a liberação do hormônio insulina. Ela ajuda o triptofano a entrar no cérebro e fazer seu trabalho. Isso não significa que você vai se entupir de chocolate, mas coisas doces não estão banidas da dieta do Fator S. Viva!

Para descobrir se você pode estar com a serotonina baixa, vá para o questionário da p. 20.

Leptina

O hormônio da "fome zero"

As pesquisas mais interessantes sobre por que certas pessoas ganham peso e outras não focam nos hormônios produzidos pela própria gordura. Entre eles estão hormônios metabólicos como leptina e adiponectina. O que mais conhecemos é a leptina. Ela diz ao nosso cérebro quando temos gordura suficiente, ativa a redução do apetite e acelera o metabolismo – queimando o excesso de gordura corporal no processo. É interessante como a leptina também é importante na fertilidade, motivo pelo qual médicos aparentemente cruéis dizem às candidatas à inseminação artificial que elas precisam perder peso. Na verdade, eles não estão sendo preconceituosos!

A produção da leptina segue o ritmo circadiano, ou seja, aumenta e diminui ao longo do ciclo de 24 horas. O pico de produção é à noite, então se você trabalha no turno da noite, viaja para outros fusos horários ou tem um bebê pequeno que acorda a toda hora, você pode desenvolver problemas de leptina e ganhar peso.

Há duas disfunções que podem causar ganho de peso: a falta de leptina, quando as células de gordura não conseguem produzi-la, e, mais comum, a resistência a ela, quando um alto nível é produzido, mas sem o efeito normal de avisar que você está satisfeito. Em ambos os casos, seu cérebro acha que você está morrendo de fome, então aumenta o apetite e desacelera o metabolismo – e suas calças jeans ficam cada vez mais apertadas.

Domine seu apetite

A indicação mais clara de que você pode ter um problema com a leptina é sentir-se constantemente com fome. Ganhar peso na barriga também é um sintoma. Porém, os sintomas da falta ou resistência à leptina podem também refletir os da síndrome do ovário policístico nas mulheres. Para elas, esses sintomas incluem pontos e/ou pelos em excesso na base do maxilar, períodos menstruais interrompidos e baixo controle do açúcar no sangue – que a mulher pode notar ao se sentir tonta ou irritada quando não come regularmente. Procure também por manchas na pele (benignas) e algo chamado acantose nigricans (AN). Tive uma cliente que me mostrou um tipo de mancha escura na pele das axilas. É a clássica AN. Também pode aparecer em volta do pescoço ou em dobras da pele.

É um verdadeiro pesadelo do ovo e da galinha quando você precisa perder peso para enfrentar problemas de leptina, mas os problemas de leptina tornam mais difícil perder peso. A resposta? A dieta do Fator S, é claro!

Nenhuma comida específica nos ajuda a produzir leptina. Porém, comidas ricas em amidos resistentes, como aveia, podem ajudar com essas questões, já que o amido resistente acelera o metabolismo e diminui o apetite. Você também pode usar outros hormônios de controle do apetite, como a grelina. Os níveis de grelina aumentam antes das refeições e diminuem depois delas. Um caminho para reduzir a grelina é dilatar o estômago comendo grandes volumes de comida (com bastante quantidade de água e fibras). Os melhores alimentos para estabilizar a leptina incluem:

- Leguminosas (feijões)
- Ovo e proteínas magras
- Banana verde
- Nozes, amêndoas, castanhas e sementes
- Aveia
- Peixes gordurosos (salmão, sardinha, cavalinha etc.)

Para descobrir se você pode estar com a leptina baixa, vá para o questionário da p. 21.

Dopamina

O hormônio da "motivação"

A dopamina tem várias funções no corpo, desempenhando um papel em processos que vão desde o comportamento e a cognição até os batimentos cardíacos e a pressão arterial. Em termos de peso, a dopamina é essencial pois pode estimular a motivação, o foco e o controle dos impulsos. Também é importante para controlar o "prazer antecipatório" – ou, em outras palavras, querer alguma coisa. Baixos níveis de dopamina são associados a compulsões. Bons níveis de dopamina ajudam você a se manter na dieta, levantar e ir para a academia e a planejar e acompanhar o que come.

A produção da dopamina pode ser estimulada por drogas como cafeína, nicotina, álcool, cocaína e anfetaminas e até pela paixão. Doces e comidas gordurosas também abrem caminho para a dopamina em nosso cérebro. Também se sabe que atividades cheias de adrenalina como esportes radicais (pense em bungee jump) também podem aumentar os níveis de dopamina. Essas pessoas esquisitas que quebram recordes ao ir à montanha-russa sem parar podem subconscientemente estar tentando equilibrar sua dopamina.

Vença a corrida do açúcar

Viver na montanha-russa não parece tão ruim. Porém, picos crônicos de dopamina podem fazer com que você precise de uma quantidade cada vez maior desse hormônio para se sentir bem. Isso pode alterar seus hábitos alimentares, levando-o a consumir cada vez mais doces e comidas gordurosas para satisfazer suas compulsões.

Baixos níveis de dopamina podem ser responsáveis pelo comportamento compulsivo e/ou vícios (p. 15). Muitos de meus clientes tiveram um histórico de uso recreativo de drogas na adolescência ou uma vida profissional extrema aos 20 e poucos anos e agora não conseguem manter a dieta. Um estudo norte-americano publicado em 2010 no respeitado *Journal of Obesity* confirmou uma ligação direta entre baixos níveis de dopamina e comer demais.

A baixa dopamina também é associada ao transtorno do déficit de atenção com hiperatividade (TDAH). Sabemos que isso é pouco detectado em adultos, mas com frequência vejo clientes que acho que apresentam traços do problema, incluindo falta de atenção e agitação. Eles também podem ter um histórico de dietas fracassadas.

A chave para ter bons níveis de dopamina é mais a prevenção do que a cura. Ou seja, você precisa evitar o excesso de estímulo à liberação de dopamina no cérebro. Se você já teve um problema com dopamina, o melhor a fazer é combinar a redução de estimulantes como chá, café e açúcar com alimentos que contenham a matéria-prima necessária para produzir dopamina.

A dopamina é feita de tirosina. As melhores fontes alimentares de tirosina incluem:

- Amêndoas
- Banana
- Peixe
- Soja
- Melancia

Para descobrir se você pode estar com a dopamina baixa, vá para o questionário da p. 22.

Adrenais

Os hormônios do "estresse"

As adrenais (ou suprarrenais) são um par de glândulas que ficam em cima dos nossos rins. Elas secretam hormônios como a adrenalina e o cortisol em reação ao estresse. Isso é importante para o peso porque muitos desses hormônios, especialmente o cortisol, fazem acumular gordura – principalmente no temível pneuzinho.

Hormônios adrenais podem ser estimulados por dois tipos de estresse: reativo e crônico. O reativo é causado por um evento pontual. Por exemplo, você tenta atravessar a rua e um carro vira a esquina cantando pneu. Seu coração dispara, suas mãos começam a suar e você pode até ficar meio trêmulo. Pode também xingar o motorista, pois viveu um surto de agressão. O estresse crônico é de baixo nível e as fontes podem ser pressões no trabalho, relacionamento ruim, longo histórico de baixa autoestima, ser preocupado ou ansioso demais com a vida em geral. Quando você vive uma ansiedade de baixo nível, se sente inquieto e irritável, talvez cansado e levemente triste. Seu sono pode ser alterado. E, acima de tudo, você sente FOME.

Mantenha a calma e bola para frente

A conexão estresse-fome é causada pelo excesso de atividade no sistema límbico do cérebro – a região em que o estresse emocional é processado. Você pode morrer de vontade de comer coisas como chocolate, que aumentam a serotonina para compensar.

As adrenais também são responsáveis pelo equilíbrio do sal no corpo. Quando você está sob estresse, pode não só comer demais, mas ter vontade de coisas salgadas e calóricas como amendoins e salgadinhos. Além disso, aqui vai a grande zica da história – o estresse também faz você acumular mais gordura no corpo. Lamento...

Você tem dois tipos de gordura: branca e marrom. A branca produz certos hormônios como a leptina. A marrom contém receptores B3 que são estimulados pela adrenalina. A marrom estimula algo chamado termogênese (queima de calorias para gerar calor corporal). Então, um pouquinho de estresse pode ajudar a perder peso.

Porém, o estresse crônico tem sido associado a um alto nível de cortisol e ao aumento do acúmulo de gordura. Isso desequilibra o açúcar no sangue e leva a níveis mais altos de adrenalina. Mais adrenalina significa mais cortisol e mais gordura estocada, e assim sucessivamente. Enquanto isso, você infla. E não termina aí. Mais uma vez, você ganha peso, as células de gordura chamadas adipocinas agem sobre as adrenais para produzir mais cortisol. Isso faz você ganhar mais peso, levando a mais adipocinas. Socorro!

A boa notícia é que comer as comidas certas ajuda. Primeiro, é preciso manter o açúcar de seu sangue estável para evitar a superprodução de adrenalina e cortisol. Comer proteínas em todas as refeições e diminuir os carboidratos, especialmente o açúcar, é um bom começo. Suas adrenais também precisam de uma ampla variedade de minerais, encontrados em nozes, sementes e gorduras essenciais. Antioxidantes e magnésio de vegetais coloridos e folhas verde-escuras e vitamina C das frutas vermelhas escuras também são ótimos. Os melhores alimentos são:

- Vegetais coloridos e folhas verde-escuras
- Nozes e sementes
- Peixes gordurosos
- Frutas vermelhas escuras
- Algas marinhas, como nori

Para descobrir se o estresse é que está fazendo você ganhar peso, vá para o questionário da p. 23.

questionários

Você pode ter uma ideia de que hormônios do Fator S precisa equilibrar para perder peso, mas os questionários a seguir realmente vão fechar a questão. Então basta responder as perguntas, somar os resultados e você estará pronto para escolher o plano de refeições que trará os melhores resultados.

Serotonina

Considere cada uma das afirmações a seguir e classifique-se em uma escala de 1-5, com **1: discordo totalmente, 2: discordo, 3: não tenho certeza, 4: concordo e 5: concordo totalmente.**

1. Às vezes me sinto baixo-astral e deprimido.
2. Morro de vontade de pão, massa, bolo, chocolate e vinho, especialmente à noite.
3. Não durmo bem.
4. Depois de um dia daqueles, quero "me agradar" com comida.
5. Sou um comilão emocional e autoindulgente.
6. Realmente tenho dificuldades com dietas ricas em proteínas.
7. Não tenho fome no café da manhã.
8. Em momentos de muito estresse (e, para as mulheres, na semana antes do período menstrual), viro o monstro do chocolate.
9. Tenho entre 38-55 anos (classifique-se com 5 se for verdade e 1 se for falso).
10. Tendo a ganhar um pneuzinho extra no inverno.

Resultados

Some os pontos. Se você marcou 30 ou mais, pode ser mais fácil para você perder peso equilibrando seus níveis de serotonina. Escolha o plano da serotonina (pp. 32-3) e procure as receitas assinaladas com um "S".

Leptina

Considere cada uma das afirmações a seguir e classifique-se em uma escala de 1-5, com **1: discordo totalmente, 2: discordo, 3: não tenho certeza, 4: concordo e 5: concordo totalmente.**

1 Sinto fome o tempo todo.
2 Tenho uma pressão sanguínea de 13/8 ou acima (classifique-se com 5 se for verdade e 1 se for falso).
3 Tenho diabetes tipo 2 (classifique-se com 5 se for verdade e 1 se for falso).
4 Ganho peso na cintura e no abdome.
5 Estou mais de 13 kg acima do peso (classifique-se com 5 se for verdade e 1 se for falso).
6 Tenho estrias, marcas na pele ou acantose nigricans (AN) – ver p. 17.
7 Trabalho à noite, viajo muito ou tenho filhos pequenos que atrapalham meu sono.
8 Tenho muita acne ou excesso de pelos na linha do maxilar (para as mulheres).
9 Morro de vontade de alimentos pesados como massas, arroz e batata.
10 Sei que preciso perder peso, mas mesmo comendo pouco nada acontece.

Resultados

Some os pontos. Se você marcou 30 ou mais, pode ser mais fácil para você perder peso equilibrando seus níveis de leptina. Escolha o plano da leptina (pp. 34-5) e procure as receitas assinaladas com um "L".

"Estes questionários foram criados para determinar se você está com seus hormônios do Fator S em baixa de maneira geral ou se tem um problema específico com um ou dois deles."

Dopamina

Considere cada uma das afirmações a seguir e classifique-se em uma escala de 1-5, com **1: discordo totalmente, 2: discordo, 3: não tenho certeza, 4: concordo e 5: concordo totalmente.**

1. Começo as dietas, mas sempre abandono.
2. Mesmo se estou de dieta, se vejo algo "do mal", não consigo dizer não.
3. Sou uma pessoa "tudo ou nada".
4. Gosto de montanha-russa, de corridas ou games com muita ação e cheios de adrenalina.
5. Tomo muito chá, café ou refrigerante diet.
6. Morro de vontade de bolo, chocolate ou sorvete.
7. Acho que funciono bem sob pressão e sou realmente bom em gerenciar crises.
8. Sou um executor mais do que um pensador.
9. Às vezes prefiro ficar só.
10. Tenho histórico familiar de álcool/drogas/jogo/infidelidade/TDAH (classifique-se com 5 se sim e 1 se não).

Resultados

Some os pontos. Se você marcou 30 ou mais, pode ser mais fácil para você perder peso equilibrando seus níveis de dopamina. Escolha o plano da dopamina (pp. 36-7) e procure as receitas assinaladas com um "D".

Você não é um número

A maioria de nós não cabe em uma caixinha só, felizmente. Se você pontuou em mais de um questionário (ou em todos eles), isso é completamente normal. Com frequência, no mundo dos hormônios uma desgraça nunca vem só.

Se você teve pontuações altas em mais de um questionário, leia as recomendações na parte inferior da página 23 para descobrir o melhor plano para você.

Adrenais

Considere cada uma das afirmações a seguir e classifique-se em uma escala de 1-5, com **1: discordo totalmente, 2: discordo, 3: não tenho certeza, 4: concordo e 5: concordo totalmente.**

1 Passei por uma demissão, rompimento, problemas financeiros ou luto nos últimos dois anos.
2 Pego no sono em ônibus, trens ou no cabeleireiro.
3 Às vezes perco a paciência, brigo com quem eu gosto e depois me sinto culpado.
4 Preciso de cafeína, nicotina ou açúcar para conseguir sair de manhã.
5 Fico cansado às 18h, mas reanimo perto das 22h e fico acordado até tarde para ter um tempo para mim.
6 Estou sempre preocupado.
7 Tenho dores de cabeça/estômago sem motivo aparente.
8 Tenho infecções recorrentes no ouvido, nariz e garganta, candidíase ou aftas.
9 Já tive um ou mais ataques de pânico ou noto que meus batimentos se aceleraram.
10 Sinto-me calmo depois de comer uma grande refeição.

Resultados

Some os pontos. Se você marcou 30 ou mais, pode ser mais fácil para você perder peso equilibrando seus níveis de hormônios adrenais. Escolha o plano das adrenais (pp. 38-9) e procure as receitas assinaladas com um "A".

Escolha o plano da serotonina (pp. 32-3) se:

- você teve pontuação alta nos questionários de serotonina e dopamina
- você teve pontuação alta nos questionários de serotonina e adrenais

Escolha o plano das adrenais (pp. 38-9) se:

- você teve pontuação alta nos questionários de leptina e adrenais
- você teve pontuação alta nos questionários de dopamina e adrenais

Escolha o plano da leptina (pp. 34-5) se:

- você teve pontuação alta nos questionários de serotonina e leptina
- você teve pontuação alta nos questionários de dopamina e leptina
- você teve pontuação alta em todos os questionários dos hormônios do Fator S

a verdade sobre a compulsão

A maior causa de fracasso na maioria das dietas são as compulsões. A dieta do Fator S vai ajudá-lo a controlar as compulsões induzidas pelos hormônios, e é importante lembrar que também pode haver alimentos e hábitos específicos que tornam mais difícil para você resistir àquela barra de chocolate matinal, a um pãozinho quente ou a um tentador cheesecake, e você deve considerar essas armadilhas antes de começar a dieta.

A "fissura" do glúten

Quando você come glúten – proteína encontrada no trigo, no centeio, na cevada ou, em menor quantidade, na aveia, na espelta e no kamut –, ele é quebrado em seu intestino. Isso produz peptídeos opioides chamados gluteomorfinas. A pista está nas "morfinas". Heroína é uma morfina. Claro que as que você obtém em uma (ou quatro) fatias de pão são muito mais fracas. Mesmo assim, elas atravessam a barreira de sangue do cérebro e afetam você. É por isso que muitos de nós comemos um pão ou um pedaço de bolo ou uma colher de mingau e não conseguimos parar. É por isso que abusamos e desistimos da dieta quando sucumbimos a um pouquinho de macarrão. Ele nos dá um "barato".

Laticínios desastrosos

Produtos lácteos têm um efeito destruidor de dieta parecido. A proteína caseína, encontrada em grande concentração nos produtos de leite de vaca, é partida em casomorfinas. Queijo, outro alimento que a maioria dos meus clientes adora, tem a maior concentração e nos dá o maior barato de todos.

Então, por que algumas pessoas (top models e afins) mordiscam com elegância a parte externa da tábua de queijos, enquanto outras (o resto de nós) quer dar cabo de tudo?

O "barato" da histamina

A histamina é um hormônio que liberamos quando entramos em contato com algo que nossos corpos não toleram bem. Ela age como estimulante, então nos dá um pouco de pique. Algumas pessoas, chamadas de "indivíduos de histamina elevada", produzem naturalmente mais histamina do que outras. Esses altos níveis de histamina parecem estar na família, que é chamada de "atópica". Asma, eczema ou febre do feno são indicadores atópicos. Se você adora trigo e laticínios, essa é outra pista – você fica louco pelo barato da histamina. Se com frequência você acorda de manhã com o nariz entupido ou escorrendo (rinite alérgica) é sinal de que pode ser uma pessoa atópica.

Então, se uma pessoa de histamina elevada come um sanduíche de queijo (uma bomba de gluteomorfinas e casomorfinas!), ela tem um barato triplo – duas doses de morfina e uma de histamina. Não é de admirar que queira outro sanduíche. Já uma pessoa de baixa histamina simplesmente não sente o mesmo efeito e é capaz de se afastar da geladeira.

Se você for uma pessoa de histamina elevada, pode estar travando uma batalha perdida com o glúten e a caseína, e pode ser melhor evitá-los completamente. Sempre oriento meus clientes a se livrar dos cereais e a reduzir a ingestão de laticínios nas duas primeiras semanas de qualquer dieta. Isso lhes dá a oportunidade de se "livrar" de comportamentos compulsivos ligados a esses alimentos. É possível ficar livre de glúten e laticínios. Um monte de produtos assim está disponível hoje nos supermercados. Muitas receitas do Fator S também apresentam farinhas alternativas como a de soja ou grão-de-bico, e proteínas que não a do leite, como leite de soja e tofu, para ajudar você nesse caminho.

Loucura por chocolate

Há algo de especial no chocolate e não é só o gosto. Ele não só nos fisga com sua combinação aveludada de açúcar e gordura, mas também contém outros aditivos químicos. O número 1 é a cafeína. Um chocolate pequeno tem 5 mg de cafeína, não muito se comparado aos 100 mg de uma xícara de café forte, mas não para por aí. O chocolate contém uma boa dose de outro estimulante, a teobromina. E também contém feniletilamina (PEA), outra substância similar à anfetamina, e uma pitadinha de tetrahidrocanabinol (THC) – o princípio ativo da maconha!

Viciado em dopamina

Como expliquei, algumas pessoas são programadas geneticamente para ter menos receptores de dopamina DRD2 no cérebro e procuram estimular os que têm com um monte de alimentos doces e gordurosos (pp. 15 e 18). Se você teve dificuldades para parar de fumar ou sai para tomar um drinque e não se lembra do resto da noite, isso pode ser uma pista de que você tem um problema de DRD2. Você é uma pessoa compulsiva "tudo ou nada", sem botão de "desliga".

Em termos de dieta, quem tem menos receptores de dopamina DRD2 vai sentir falta de gordura e combinações cheias de açúcar (bolo, biscoitos, chocolates etc.) porque eles estimulam o caminho da dopamina com mais eficiência. No curto prazo, comer quatro sonhos recheados vai ajudá-lo a estimular a trilha de dopamina e fazê-lo sentir-se bem. No longo prazo, você vai odiar se ver em trajes de banho.

O que aprendi de mais importante ao trabalhar com clientes que comem compulsivamente é que não se pode simplesmente tirar a "droga" favorita deles. Se fizer isso, eles simplesmente vão pular para outro comportamento compulsivo. No nível físico, eles podem ansiar pelo "barato" que têm com uma barra de chocolate. Em termos psicológicos, podem realmente sentir falta da "viagem"que um pratão de massa oferece. É preciso substituir, não só tirar.

A boa notícia é que há outras maneiras de estimular os receptores de dopamina DRD2. Exercício (o "barato do corredor"), amor, sexo e amizade também fazem isso. Eu era uma chaminé e comia pilhas de chocolate. Hoje como tofu e vou à academia todos os dias. Sou uma santa? Não. Simplesmente sei que se não tiver meus receptores de dopamina DRD2 pulando na esteira, serei vítima de qualquer traficante de chocolate.

Memórias da infância

Há também um gatilho emocional para as compulsões. Por exemplo, se você ganhava um doce para se acalmar depois de ralar o joelho, isso estabeleceu uma ligação entre dor (tanto emocional quanto física) e a "solução" – açúcar. Se levavam você para comer bolo como "agrado", isso ensinou a você que comida é recompensa. Então agora que você é adulto, chega em casa depois de um dia difícil no trabalho e se autopresenteia com um tiramisù tamanho família.

Você pode se ajudar identificando os alimentos que foi condicionado a comer quando criança e a maneira como usa a comida hoje. A comida é uma recompensa, um conforto ou acalma sua ansiedade? Uma vez que você conheça essas armadilhas programadas, em vez de recorrer à comida quando estiver infeliz ou estressado, você pode jogar o jogo de"dar nome a essa emoção". Pergunte-se que emoção está sentindo e então diga em voz alta: "ESTOU COM RAIVA!", "ESTOU TRISTE". É muito libertador – e faz bem para a sua barriga.

a verdade sobre comer à noite

Se você precisa equilibrar seus hormônios do Fator S, talvez enfrente uma batalha noturna contra a fissura. O jantar não foi suficiente, então você sai à caça de chocolates, biscoitos etc. Há motivos para agir dessa forma aparentemente louca:

Você precisa de uma boa noite de sono

Se você morre de vontade de comer doce, pode ser o jeito de seu corpo ajudá-lo a ter uma boa noite de sono. A serotonina não só nos faz sentir mais calmos e felizes como também nos ajuda a dormir. Ela é feita de proteína, mas, como sabemos, precisa de um toque de insulina (estimulada ao comermos açúcar) para realmente chegar ao cérebro.

Comer doces à noite equilibra a serotonina e é como tomar um remédio natural para dormir. Tentar resistir à vontade de se agradar com aquele biscoito depois do jantar é uma batalha perdida. E mais: se você for bem sucedido, pode ser que esteja vencendo a batalha, para depois perder a guerra. Já se demonstrou que dormir mal também estimula o apetite e causa ganho de peso. Quando estamos cansados comemos para ter energia, então acabamos gordos e exaustos. Que beleza! Em minha experiência, é muito melhor para quem tem serotonina baixa satisfazer essa fissura por doces de uma maneira controlada, com uma pitadinha de açúcar uma hora antes de dormir. Essa é a única hora em que você pode aumentar seu IG (quanto maior melhor), então ingredientes como passas e bananas são ótimos.

Seu corpo está faminto

Não é muito comum morrer de vontade de uma lata de atum à noite, mas muitas dietas modernas "saudáveis" podem deixar nossos corpos famintos das proteínas de que precisam para funcionar bem. É por isso que um lanche de proteína à noite pode ser útil para ajudar a fabricar mais dopamina. Fisiculturistas comem queijo cottage antes de dormir para evitar que os tecidos musculares se rompam durante a noite. Isso é um tanto extremo, mas uma bebida rica em proteína antes de dormir pode estabilizar o açúcar de seu sangue.

O "desliga" de seu apetite não funciona

Se você se tornou resistente à leptina ou está com ela baixa, pode querer comer à noite como forma de dilatar o estômago para ativar os hormônios de controle do apetite. Você está procurando o botão "desliga" de seu apetite. E não adianta dizer a si mesmo que acabou de jantar. É muito melhor incluir um lanche de baixas calorias e grande volume, como alguns espetinhos de legumes e um pouco de homus, para acalmar essa fissura por leptina.

Você está estressado

Comer à noite pode ser uma tentativa de aliviar a ansiedade. Pense nisso: mastigar é como apertar uma bolinha. Apertos repetitivos relaxam seus músculos e também podem ser uma distração mental das preocupações. As comidas que você escolhe podem ter um efeito tranquilizante. Para se sentir mais calmo, aumente a ingestão de comidas amigas das adrenais, como nozes e sementes, antes de dormir.

A maioria das dietas considera comer à noite um pecado capital. Minha experiência sugere que dietas são mais bem-sucedidas se você tomar um lanchinho antes de dormir. Não é mágica – as calorias não ficam amaldiçoadas. O que é importante é a ingestão de calorias no período de 24 horas. Se você quer guardar algumas para o horário da noite, tudo bem. A dieta do Fator S deixa você fazer isso.

a despensa do Fator S

Tentei fazer a dieta do Fator S ser a menos estranha possível. Peguei receitas de todo dia e substituí ingredientes que causam ganho de peso por outros que contrabalançam os hormônios do Fator S e ajudam a perder peso.

Farinhas

Farinha de amêndoa/amêndoa moída – não são cereais e funcionam em bolos, biscoitos e massas. Ricas em gorduras essenciais, também têm muitas calorias, então pegue leve.

Farinha de grão-de-bico – tem mais proteínas do que a farinha de trigo, o que é bom para todos os hormônios do Fator S, já que contém amido resistente. Isso acelera seu metabolismo e reduz o apetite. Também ajuda a estabilizar o açúcar no sangue.

Farinha de milho – tem um IG um pouco alto, mas, depois da farinha de trigo, faz o melhor empanado para frango e peixe, sem falar nos deliciosos muffins.

Farinha de centeio – muito menos glúten do que o trigo.

Farinha de soja – muito rica em proteínas, o que significa ótima para manter o açúcar do sangue equilibrado e evitar o acúmulo de gordura. Se você se preocupa com os transgênicos, pode usar quinoa no lugar.

Adoçantes

Você não vai despejar açúcar em suas refeições do Fator S, e eu não uso mel em minhas receitas. Apesar de ser um adoçante natural, o mel leva o açúcar do sangue às alturas, o que é um desastre para os hormônios do Fator S. Em vez disso, uso:

Calda de agave – boa troca em panquecas e sobremesas. A calda de agave é feita de um tipo de cacto. Tem um gosto bom e doce, mas não aumenta o açúcar no sangue.

Stevia – branca e em grãos como o açúcar, a stevia é feita da folha de um pequeno arbusto paraguaio. Em sua forma concentrada é de 300 a 400 vezes mais doce que o açúcar. Costuma ser vendida misturada à sucralose para que você possa usar em colheres como o açúcar. Não aumenta o açúcar no sangue e não tem calorias.

Xilitol – também branco e granulado como o açúcar, é um açúcar-álcool extraído de plantas e árvores. Tem 40 por cento menos calorias que o açúcar e não eleva o açúcar no sangue. Confira a embalagem com cuidado, pois xilitol feito de milho pode ter gosto de menta. O xilitol feito de bétula é uma opção muito melhor para molhos e bolos.

Outros astros do Fator S

Soja fermentada – proteína vegetariana fantástica, com pouca gordura, mas exige cuidado. Excesso de soja (especialmente o tipo industrializado atual encontrado em leites e iogurtes) pode prejudicar a função da tireoide. Uma tireoide hipoativa é a receita para ganhar peso. Vegetarianos devem se ater a produtos fermentados como missô e tempeh.

Banana verde – com alta concentração de amido resistente, comer bananas é uma maneira ótima de ajudar os níveis de leptina. Escolha as pouco maduras ou até verdes, já que as maduras podem desequilibrar o açúcar no sangue.

segredos do sucesso

Começar a dieta do Fator S pode tanto fazê-lo sentir-se superanimado (assim espero) como um pouco assustado. Você está entrando no caminho de um futuro mais magro, saudável e feliz, mas também pode se sentir apreensivo.

Talvez seja medo do fracasso? Se você foi um ioiô da dieta, pode ter um histórico de desistências e se preocupa em não conseguir. Talvez seja medo de mudança? A dieta do Fator S é a alavanca da mudança para a maioria das pessoas. Se você costumava comer torrada e geleia no café, cereais com açúcar ou nada, então a vida não será a mesma.

Talvez seja luto? Começar a dieta do Fator S significa dizer adeus a hábitos alimentares antigos – aquele cafezinho da tarde com muffin ou uma barrinha de chocolate, talvez? Nós sabemos que isso não ajuda, mas pode ter servido para um propósito – aliviando o tédio ou o estresse ou a solidão – e pode ser triste abrir mão disso. Eles foram um amigo e também um vilão.

O que é preciso lembrar é que conforme você avança, seus hormônios do Fator S vão se reequilibrar e suas compulsões vão diminuir. Novos hábitos vão se instalar e ficará cada vez mais fácil – além de você se sentir cada vez melhor!

Eis aqui como melhorar os pontos fracos para chegar a sua meta de peso e permanecer nela.

Faça três grandes refeições (e um lanche do Fator S) por dia

Comer regularmente ajuda a perder peso porque mantém o açúcar no sangue e o humor estáveis, e evita a compulsão por doces que o transforma no monstro do biscoito! Isso não significa que você precisa se amarrar à geladeira com um elástico. Beliscar interrompe a perda de peso no ato. Em vez disso, você deve se concentrar em três refeições saudáveis (e um lanche do Fator S) por dia.

Café da manhã – ao acordar, o açúcar no sangue está baixo, já que você não comeu enquanto dormia (felizmente, apesar de eu ter clientes que já fizeram isso!). Baixo açúcar no sangue tem dois efeitos principais sobre o corpo. Primeiro, torna seus pensamentos enevoados – e é mais fácil sucumbir às fissuras por açúcar. Segundo, pode estimular o cortisol e causar acúmulo de gordura – aí você sente o aroma de um doce e ele vai direto para as suas coxas. A chave para perder gordura é estabilizar o açúcar no sangue, o que por sua vez vai estabilizar seus hormônios do Fator S que reduzem o apetite e queimam gordura. Como se faz isso? Comendo um café da manhã rico em proteína magra.

Almoço – algumas pessoas entram em pânico diante da ideia de não beliscar durante o dia, mas recue uma geração no tempo, quando não havia esse tipo de comida, e todos éramos muito mais magros. O almoço deve ser suficiente para que você chegue até o jantar. De novo, a maneira de preparar o almoço é em torno de proteínas saudáveis (como peixe e carne magra), legumes e verduras. Acrescente vegetais se tiver medo de ficar com fome mais tarde.

Jantar – ninguém quer comida de dieta na hora do jantar. Queremos o mais próximo possível das refeições que normalmente comemos. O problema é que provavelmente foi essa comida que fez você ganhar peso. E muito frequentemente eram comfort foods: pilhas de batata frita, massa ou arroz. O desafio então é substituir os montes do que chamo de "comidas brancas" (pão, arroz, massa, batatas) pelas que engordam menos. Assim, purê, arroz e massa em todas as receitas de jantar do Fator S são feitos de legumes, feijões e grãos. Você vai ver que muitas delas são refeições familiares, porque, em minha experiência, quem faz dieta tem mais sucesso quando prepara a mesma comida para todos. Não há nada pior do que servir um prato delicioso para sua família e comer seu grude dietético escondido num cantinho como aquela criança sem amigos da escola.

Sobremesa – o desejo por algo doce provavelmente é o motivo número 1 por que as pessoas escorregam na dieta. Em certos planos ricos em proteínas (sem mencionar nomes!) até as frutas são banidas, e essa é a forma mais rápida de disparar a loucura, as fissuras e compulsões. A solução do Fator S é dar uma recompensa doce depois de uma das refeições (se você quiser), mas substituir pudins super doces e gordos por outros com mais proteína e menos gordura.

Lanche do Fator S – comer o lanchinho certo à noite pode ajudar seus hormônios do Fator S. É isso que torna o plano tão eficiente.

Para manter os pneuzinhos longe

Aqui vão dicas para ajudar a manter o zíper de suas calças jeans fechado depois que você chegar ao peso ideal:

- **Não repita o prato** – sirva-se de sua refeição e guarde as sobras imediatamente, antes de se sentar para comer.
- **Não belisque** – apenas acrescente um lanche à tarde se houver uma diferença de mais de cinco horas entre o almoço e o jantar ou se você estiver fazendo exercício.
- **Exercite-se** – se você ficar pregado ao sofá depois de chegar ao peso ideal, seu traseiro ou sua barriga vão inflar.
- **Cuide de seu estresse** – dê um jeito de ter tempo para relaxar, pois estresse engorda. Experimente ioga, tai chi ou aprenda auto-hipnose e lembre-se de dormir o suficiente.
- **Planeje-se** – embale seu almoço; certifique-se de ter a comida certa na geladeira; e escolha o restaurante à noite para ter tempo de examinar o cardápio antes.
- **Não compre o que você não deve comer** – se você não tem biscoitos, bolos e sorvetes em casa, não vai comê-los. Se tem filhos, crie uma regra para que eles só comam essa coisas fora de casa. Leve-os a uma doceria para uma eventual farra do açúcar ou compre a guloseima no caminho da volta da escola.

Interrompa o estrago

Claro que as rodas podem sair do trilho de vez em quando. Você sai de férias e se joga naquele bufê que vem com tudo incluído, é Natal ou seu aniversário… mas tenha um limite de 1,5 kg. Se seu peso passar disso, puxe o freio. É mais fácil perder 1,5 kg do que 20 kg – que é o tanto que eu costumava engordar de novo!

Faça funcionar o que funciona para você

O que quer que tenha ajudado você a perder peso no plano de catorze dias também vai ajudá-lo a mantê-lo bem longe. Então analise e escreva quais foram as mudanças mais importantes que você fez durante as Fases 1 e 2. Se cozinhou no domingo para congelar enquanto perdia peso, por exemplo, continue fazendo isso. Essas serão suas estratégias vencedoras para se alimentar para viver.

o plano de 14 dias

Em vez de oferecer um plano padrão de refeições, a dieta do Fator S é feita sob medida para você. Os resultados do seu questionário (pp. 20-3) devem ter revelado o plano hormonal do Fator S mais adequado. Qualquer que seja o plano a seguir, você pode diminuir um tamanho de roupa em duas semanas.

Cada plano se divide em dois estágios. A Fase 1 é um ataque rápido à gordura, enquanto a Fase 2 foca na perda de peso mais constante e na criação de uma rotina alimentar melhor. Se você precisa perder mais de um número de roupa, pode continuar na Fase 2 até atingir o peso desejado. Se ficar satisfeito em perder peso lentamente, vá direto à Fase 2. Pronto? A postos? Vamos lá!

Serotonina Fase 1 Plano de refeições de 7 dias

A Fase 1 coloca em evidência alguns cereais (pão, massa, arroz etc.) ou leguminosas. Pode parecer intimidador, mas vai cortar calorias, encorajá-lo a experimentar novos ingredientes e, mais importante, equilibrar a serotonina.

DIA 1

Café da manhã Superomelete californiana (p. 47)
Almoço Sopa thai de frutos do mar (p. 59)
Jantar Tagine marroquino com brócolis e tabule de pistache (p. 78), Granita de framboesa (p. 95)
Lanche do Fator S Chocolate quente picante (p. 120)

DIA 2

Café da manhã Cogumelo portobello grelhado com tomate-cereja assado (p. 48)
Almoço Mexilhão vietnamita (p. 65)
Jantar Canelone de espinafre e queijo (p. 91), Marmelo grego (p. 98)
Lanche do Fator S Chocolate quente picante (p. 120)

DIA 3

Café da manhã Falso risoto de surubim (p. 53)
Almoço Porco cantonês em conchas de endívia (p. 57)
Jantar Torta de figo e feta (p. 92), Gelatina de champanhe (p. 96)
Lanche do Fator S Chocolate quente picante (p. 120)

DIA 4

Café da manhã Superomelete californiana (p. 47)
Almoço Mexilhão vietnamita (p. 65)
Jantar Cozido cretense de peru (p. 76), Salada de frutas japonesa (p. 96)
Lanche do Fator S Chocolate quente picante (p. 120)

DIA 5

Café da manhã Cogumelo portobello grelhado com tomate-cereja assado (p. 48)
Almoço Pizza de alcachofra siciliana e ovo (p. 68)
Jantar Camarão à moda de Kerala (p. 88), Granita de framboesa (p. 95)
Lanche do Fator S Chocolate quente picante (p. 120)

DIA 6

Café da manhã Falso risoto de surubim (p. 53)
Almoço Sopa thai de frutos do mar (p. 59)
Jantar Pescada com salsa e purê de cenoura (p. 87), Sorbet de coco (p. 95)
Lanche do Fator S Chocolate quente picante (p. 120)

DIA 7

Café da manhã Superomelete californiana (p. 47)
Almoço Tagliatelle de abobrinha (p. 70)
Jantar Canelone de espinafre e queijo (p. 91), Clafoutis de cereja e amêndoa (p. 102)
Lanche do Fator S Chocolate quente picante (p. 120)

Serotonina Fase 2
Plano de refeições de 7 dias

A Fase 2 ainda inclui muita proteína para que você produza serotonina. Também acrescenta carboidratos para ajudar a serotonina a chegar ao seu cérebro, fazendo você perder peso e se sentir ótimo.

DIA 1

Café da manhã Panqueca de mirtilo (p. 42)

Almoço Sopa thai de frutos do mar (p. 59)

Jantar Filé à puttanesca com couve-de-bruxelas ao parmesão (p. 83), Granita de framboesa (p. 95)

Lanche do Fator S Arroz-doce com banana (p. 108)

DIA 2

Café da manhã Cogumelo portobello grelhado com tomate-cereja assado (p. 48)

Almoço Tartelette niçoise (p. 60)

Jantar Frango empanado com fubá e purê de couve-flor (p. 75), Clafoutis de cereja e amêndoa (p. 102)

Lanche do Fator S Picolé de iogurte e amora (p. 107)

DIA 3

Café da manhã Iogurte crocante de frutas (p. 44)

Almoço Porco cantonês em conchas de endívia (p. 57)

Jantar Pescada com salsa e purê de cenoura (p. 87), Sorbet de coco (p. 95)

Lanche do Fator S Crocante à moda indiana (p. 118)

DIA 4

Café da manhã Superomelete californiana (p. 47)

Almoço Hambúrguer de cordeiro com feta e bolinho de milho (p. 58)

Jantar Camarão à moda de Kerala (p. 88), Salada de frutas japonesa (p. 96)

Lanche do Fator S Macaron arco-íris (p. 114)

DIA 5

Café da manhã Café da manhã do caubói (p. 49)

Almoço Tagliatelle de abobrinha (p. 70)

Jantar Shepherd's pie (p. 79), Gelatina de champanhe (p. 96)

Lanche do Fator S Crocante de pão sírio e pimenta (p. 118)

DIA 6

Café da manhã Falso risoto de surubim (p. 53)

Almoço Frango com lentilha (p. 54)

Jantar Cordeiro refogado com purê de lentilha e alecrim (p. 81), Granita de framboesa (p. 95)

Lanche do Fator S Pão de banana, maçã e nozes (p. 117)

DIA 7

Café da manhã Blini de trigo-sarraceno com salmão defumado e creme de limão-siciliano (p. 50)

Almoço Mexilhão vietnamita (p. 65)

Jantar Cozido cretense de peru (p. 76), Crumble de maçã e mirtilo com sorvete de baunilha e tofu (p. 101)

Lanche do Fator S Musse de iogurte e chocolate (p. 109)

Leptina Fase 1 Plano de refeições de 7 dias

A Fase 1 se baseia em proteína magra e grande volume de alimentos de baixa caloria – ou vegetais. Para ajudá-lo a se sentir satisfeito, também inclui cereais como aveia, boa fonte de amido resistente.

DIA 1

Café da manhã Iogurte crocante de frutas (p. 44)

Almoço Hambúrguer de cordeiro com feta e bolinho de milho (p. 58)

Jantar Frango empanado com fubá e purê de couve-flor (p. 75), Granita de framboesa (p. 95)

Lanche do Fator S Cookie de damasco e aveia (p. 112)

DIA 2

Café da manhã Pão de semente de girassol (p. 41)

Almoço Bolinha de grão-de-bico com molho de beterraba (p. 69)

Jantar Pescada com salsa e purê de cenoura (p. 87), Salada de frutas japonesa (p. 96)

Lanche do Fator S Cookie de damasco e aveia (p. 112)

DIA 3

Café da manhã Blini de trigo-sarraceno com salmão defumado e creme de limão-siciliano (p. 50)

Almoço Frango com lentilha (p. 54)

Jantar Filé à puttanesca com couve-de-bruxelas ao parmesão (p. 83), Sorbet de coco (p. 95)

Lanche do Fator S Cookie de damasco e aveia (p. 112)

DIA 4

Café da manhã Café da manhã do caubói (p. 49)

Almoço Camarão-tigre com cuscuz de couve-flor (p. 63)

Jantar Shepherd's pie (p. 79), Gelatina de champanhe (p. 96)

Lanche do Fator S Cookie de damasco e aveia (p. 112)

DIA 5

Café da manhã Pão de semente de girassol (p. 41)

Almoço Fava do Oriente Médio com sopa de arroz integral (p. 66)

Jantar Camarão à moda de Kerala (p. 88), Marmelo grego (p. 98)

Lanche do Fator S Cookie de damasco e aveia (p. 112)

DIA 6

Café da manhã Iogurte crocante de frutas (p. 44)

Almoço Tartelette niçoise (p. 60)

Jantar Bolinho de salmão ao molho de salsa e ervilha com hortelã (p. 84), Granita de framboesa (p. 95)

Lanche do Fator S Cookie de damasco e aveia (p. 112)

DIA 7

Café da manhã Blini de trigo-sarraceno com salmão defumado e creme de limão-siciliano (p. 50)

Almoço Tagliatelle de abobrinha (p. 70)

Jantar Frango empanado com fubá e purê de couve-flor (p. 75), Cheesecake de mocha (p. 99)

Lanche do Fator S Cookie de damasco e aveia (p. 112)

Leptina Fase 2
Plano de refeições de 7 dias

A Fase 2 ainda tem a ver com volume e alimentos de baixa caloria que ajudam a manter a sensação de estar satisfeito. E, caso você esteja sentindo falta, também inclui uma porção extra de cereais.

DIA 1

Café da manhã Blini de trigo-sarraceno com salmão defumado e creme de limão-siciliano (p. 50)

Almoço Fava do Oriente Médio com sopa de arroz integral (p. 66)

Jantar Ensopado de frutos do mar e erva-doce e purê de abobrinha (p. 89), Crumble de maçã e mirtilo com sorvete de baunilha e tofu (p. 101)

Lanche do Fator S Pão de banana, maçã e nozes (p. 117)

DIA 2

Café da manhã Mingau de quinoa com maçã e uva-passa (p. 44)

Almoço Tartelette niçoise (p. 60)

Jantar Tagine marroquino com brócolis e tabule de pistache (p. 78), Flor de figo com água de flor de laranjeira (p. 98)

Lanche do Fator S Crocante de pão sírio e pimenta (p. 118)

DIA 3

Café da manhã Iogurte crocante de frutas (p. 44)

Almoço Bolinha de grão-de-bico com molho de beterraba (p. 69)

Jantar Filé à puttanesca com couve-de-bruxelas ao parmesão (p. 83), Marmelo grego (p. 98)

Lanche do Fator S Arroz-doce com banana (p. 108)

DIA 4

Café da manhã Panqueca de mirtilo (p. 42)

Almoço Charutinho de quinoa e pinhole com tzatziki (p. 73)

Jantar Cordeiro refogado com purê de lentilha e alecrim (p. 81), Suflê de maçã (p. 105)

Lanche do Fator S Crocante à moda indiana (p. 118)

DIA 5

Café da manhã Pão de semente de girassol (p. 41)

Almoço Tagliatelle de abobrinha (p. 70)

Jantar Shepherd's pie (p. 79), Cheesecake de mocha (p. 99)

Lanche do Fator S Crocante de pão sírio e pimenta (p. 118)

DIA 6

Café da manhã Café da manhã do caubói (p. 49)

Almoço Bolinha de grão-de-bico com molho de beterraba (p. 69)

Jantar Filé à puttanesca com couve-de-bruxelas ao parmesão (p. 83), Flor de figo com água de flor de laranjeira (p. 98)

Lanche do Fator S Arroz-doce com banana (p. 108)

DIA 7

Café da manhã Blini de trigo-sarraceno com salmão defumado e creme de limão-siciliano (p. 50)

Almoço Tagliatelle de abobrinha (p. 70)

Jantar Torta de figo e feta (p. 92), Crumble de maçã e mirtilo com sorvete de baunilha e tofu (p. 101)

Lanche do Fator S Crocante à moda indiana (p. 118)

Dopamina Fase 1
Plano de refeições de 7 dias

A Fase 1 é repleta de receitas ricas em proteína para ajudá-lo a equilibrar seus níveis de dopamina. Suas refeições serão baseadas em proteínas magras, gorduras boas e muitos vegetais.

DIA 1

Café da manhã Superomelete californiana (p. 47)

Almoço Sopa thai de frutos do mar (p. 59)

Jantar Filé à puttanesca com couve-de-bruxelas ao parmesão (p. 83), Gelatina de champanhe (p. 96)

Lanche do Fator S Sementes torradas agridoces (p. 119)

DIA 2

Café da manhã Cogumelo portobello grelhado com tomate-cereja assado (p. 48)

Almoço Hambúrguer de cordeiro com feta e bolinho de milho (p. 58)

Jantar Canelone de espinafre e queijo (p. 91), Clafoutis de cereja e amêndoa (p. 102)

Lanche do Fator S Sementes torradas agridoces (p. 119)

DIA 3

Café da manhã Falso risoto de surubim (p. 53)

Almoço Porco cantonês em conchas de endívia (p. 57)

Jantar Frango empanado com fubá e purê de couve-flor (p. 75), Suflê de maçã (p. 105)

Lanche do Fator S Sementes torradas agridoces (p. 119)

DIA 4

Café da manhã Superomelete californiana (p. 47)

Almoço Camarão-tigre com cuscuz de couve-flor (p. 63)

Jantar Cozido cretense de peru (p. 76), Cheesecake de mocha (p. 99)

Lanche do Fator S Sementes torradas agridoces (p. 119)

DIA 5

Café da manhã Cogumelo portobello grelhado com tomate-cereja assado (p. 48)

Almoço Pizza de alcachofra siciliana e ovo (p. 68)

Jantar Canelone de espinafre e queijo (p. 91), Granita de framboesa (p. 95)

Lanche do Fator S Sementes torradas agridoces (p. 119)

DIA 6

Café da manhã Falso risoto de surubim (p. 53)

Almoço Mexilhão vietnamita (p. 65)

Jantar Ensopado de frutos do mar e erva-doce e purê de abobrinha (p. 89), Sorbet de coco (p. 95)

Lanche do Fator S Sementes torradas agridoces (p. 119)

DIA 7

Café da manhã Superomelete californiana (p. 47)

Almoço Tartelette niçoise (p. 60)

Jantar Pescada com salsa e purê de cenoura (p. 87), Gelatina de champanhe (p. 96)

Lanche do Fator S Sementes torradas agridoces (p. 119)

Dopamina Fase 2 Plano de refeições de 7 dias

A Fase 2 mantém o café da manhã rico em proteínas para manter sua produção de dopamina sob controle. Você também poderá comer mais leguminosas e cereais, e um pouco mais de gordura.

DIA 1

Café da manhã Pão de semente de girassol (p. 41)

Almoço Pizza de alcachofra siciliana e ovo (p. 68)

Jantar Frango empanado com fubá e purê de couve-flor (p. 75), Flor de figo com água de flor de laranjeira (p. 98)

Lanche do Fator S Musse de iogurte e chocolate (p. 109)

DIA 2

Café da manhã Panqueca de mirtilo (p. 42)

Almoço Frango com lentilha (p. 54)

Jantar Tagine marroquino com brócolis e tabule de pistache (p. 78), Salada de frutas japonesa (p. 96)

Lanche do Fator S Chocolate quente picante (p. 120)

DIA 3

Café da manhã Pão de semente de girassol (p. 41)

Almoço Camarão-tigre com cuscuz de couve-flor (p. 63)

Jantar Pescada com salsa e purê de cenoura (p. 87), Marmelo grego (p. 98)

Lanche do Fator S Pão de banana, maçã e nozes (p. 117)

DIA 4

Café da manhã Cogumelo portobello grelhado com tomate-cereja assado (p. 48)

Almoço Sopa thai de frutos do mar (p. 59)

Jantar Frango empanado com fubá e purê de couve-flor (p. 75), Granita de framboesa (p. 95)

Lanche do Fator S Pecã apimentada (p. 119)

DIA 5

Café da manhã Superomelete californiana (p. 47)

Almoço Mexilhão vietnamita (p. 65)

Jantar Camarão à moda de Kerala (p. 88), Suflê de maçã (p. 105)

Lanche do Fator S Cheesecake de limão à moda antiga (p. 111)

DIA 6

Café da manhã Cogumelo portobello grelhado com tomate-cereja assado (p. 48)

Almoço Porco cantonês em conchas de endívia (p. 57)

Jantar Ensopado de frutos do mar e erva-doce e purê de abobrinha (p. 89), Clafoutis de cereja e amêndoa (p. 102)

Lanche do Fator S Bebida quentinha de cevada (p. 120)

DIA 7

Café da manhã Falso risoto de surubim (p. 53)

Almoço Hambúrguer de cordeiro com feta e bolinho de milho (p. 58)

Jantar Canelone de espinafre e queijo (p. 91), Cheesecake de mocha (p. 99)

Lanche do Fator S Picolé de iogurte e amora (p. 107)

Adrenais Fase 1
Plano de refeições de 7 dias

A Fase 1 do plano das adrenais foi criada para equilibrar os hormônios do estresse. Tem poucos cereais, mas inclui muita proteína para equilibrar os hormônios e as gorduras saudáveis que estimulam o cérebro.

DIA 1

Café da manhã Iogurte crocante de frutas (p. 44)

Almoço Pizza de alcachofra siciliana e ovo (p. 68)

Jantar Camarão à moda de Kerala (p. 88), Sorbet de coco (p. 95)

Lanche do Fator S Bebida quentinha de cevada (p. 120)

DIA 2

Café da manhã Superomelete californiana (p. 47)

Almoço Sopa thai de frutos do mar (p. 59)

Jantar Tagine marroquino com brócolis e tabule de pistache (p. 78), Flor de figo com água de flor de laranjeira (p. 98)

Lanche do Fator S Bebida quentinha de cevada (p. 120)

DIA 3

Café da manhã Falso risoto de surubim (p. 53)

Almoço Mexilhão vietnamita (p. 65)

Jantar Camarão à moda de Kerala (p. 88), Cheesecake de mocha (p. 99)

Lanche do Fator S Bebida quentinha de cevada (p. 120)

DIA 4

Café da manhã Iogurte crocante de frutas (p. 44)

Almoço Porco cantonês em conchas de endívia (p. 57)

Jantar Bolinho de salmão ao molho de salsa e ervilha com hortelã (p. 84), Salada de frutas japonesa (p. 96)

Lanche do Fator S Bebida quentinha de cevada (p. 120)

DIA 5

Café da manhã Blini de trigo-sarraceno com salmão defumado e creme de limão-siciliano (p. 50)

Almoço Sopa thai de frutos do mar (p. 59)

Jantar Pescada com salsa e purê de cenoura (p. 87), Flor de figo com água de flor de laranjeira (p. 98)

Lanche do Fator S Bebida quentinha de cevada (p. 120)

DIA 6

Café da manhã Superomelete californiana (p. 47)

Almoço Frango com lentilha (p. 54)

Jantar Canelone de espinafre e queijo (p. 91), Gelatina de champanhe (p. 96)

Lanche do Fator S Bebida quentinha de cevada (p. 120)

DIA 7

Café da manhã Pão de semente de girassol (p. 41)

Almoço Tagliatelle de abobrinha (p. 70)

Jantar Ensopado de frutos do mar e erva-doce e purê de abobrinha (p. 89), Clafoutis de cereja e amêndoa (p. 102)

Lanche do Fator S Bebida quentinha de cevada (p. 120)

Adrenais Fase 2
Plano de refeições de 7 dias

A Fase 2 foca em refeições com muita proteína e ricas em minerais. Apesar de os carboidratos se reduzirem ao mínimo para estabilizar o açúcar no sangue, essa fase introduz uma porção extra de cereais por dia.

DIA 1

Café da manhã Pão de semente de girassol (p. 41)

Almoço Tartelette niçoise (p. 60)

Jantar Bolinho de salmão ao molho de salsa e ervilha com hortelã (p. 84), Salada de frutas japonesa (p. 96)

Lanche do Fator S Pão de banana, maçã e nozes (p. 117)

DIA 2

Café da manhã Iogurte crocante de frutas (p. 44)

Almoço Charutinho de quinoa e pinhole com tzatziki (p. 73)

Jantar Torta de figo e feta (p. 92), Suflê de maçã (p. 105)

Lanche do Fator S Cheesecake de limão à moda antiga (p. 111)

DIA 3

Café da manhã Mingau de quinoa com maçã e uva-passa (p. 44)

Almoço Frango com lentilha (p. 54)

Jantar Ensopado de frutos do mar e erva-doce e purê de abobrinha (p. 89), Cheesecake de mocha (p. 99)

Lanche do Fator S Macaron arco-íris (p. 114)

DIA 4

Café da manhã Superomelete californiana (p. 47)

Almoço Mexilhão vietnamita (p. 65)

Jantar Canelone de espinafre e queijo (p. 91), Crumble de maçã e mirtilo com sorvete de baunilha e tofu (p. 101)

Lanche do Fator S Cookie de damasco e aveia (p. 112)

DIA 5

Café da manhã Falso risoto de surubim (p. 53)

Almoço Pizza de alcachofra siciliana e ovo (p. 68)

Jantar Frango empanado com fubá e purê de couve-flor (p. 75), Salada de frutas japonesa (p. 96)

Lanche do Fator S Pão de banana, maçã e nozes (p. 117)

DIA 6

Café da manhã Pão de semente de girassol (p. 41)

Almoço Bolinha de grão-de-bico com molho de beterraba (p. 69)

Jantar Camarão à moda de Kerala (p. 88), Cheesecake de mocha (p. 99)

Lanche do Fator S Sementes torradas agridoces (p. 119)

DIA 7

Café da manhã Blini de trigo-sarraceno com salmão defumado e creme de limão-siciliano (p. 50)

Almoço Fava do Oriente Médio com sopa de arroz integral (p. 66)

Jantar Cordeiro refogado com purê de lentilha e alecrim (p. 81), Granita de framboesa (p. 95)

Lanche do Fator S Pecã apimentada (p. 119)

"Coloquei para mim o desafio de criar um pão delicioso rico em proteína, mas com pouco carboidrato."

pão de semente de girassol

RENDIMENTO: 5 porções
TEMPO DE PREPARO: 10 minutos
TEMPO DE COZIMENTO: 40 minutos

Adoro pão, mas ele pode ser um caminho escorregadio para voltar a abusar do açúcar. Uma fatia nunca é suficiente. Esse pão com queijo cottage, farinha de soja e claras (sinceramente, o gosto é bom) é hoje uma das minhas receitas favoritas. Fatie e congele para ajudar você a controlar as porções.

- 1⅔ xícara (chá) de queijo cottage light (400 g)
- 2 claras
- 1 xícara (chá) de farinha de soja peneirada (120 g)
- 2 colheres (sopa) de fermento em pó
- 2 colheres (sopa) de semente de kümmel
- uma pitada de noz-moscada moída
- uma pitada de canela moída, mais um pouco para polvilhar (opcional)
- uma pitada de sal
- ½ xícara (chá) de semente de girassol (50 g), mais 1 colher (chá), para polvilhar
- cream cheese light, para servir

1. Preaqueça o forno a 160°C e forre uma fôrma de pão de 450 g com papel-manteiga. Passe o queijo cottage pelo processador ou liquidificador até formar uma pasta cremosa. Transfira para uma vasilha grande.
2. Bata as claras em neve em outra tigela e então misture-as gentilmente ao queijo cottage, usando uma colher de metal.
3. Acrescente os ingredientes restantes e mais 1 colher (sopa) de água e misture até incorporar. Coloque a massa na fôrma e asse por 35-40 minutos, até que um palito introduzido no centro saia limpo.
4. Retire o pão da vasilha, transfira para uma grade de metal e deixe esfriar totalmente. Polvilhe com sementes de girassol e corte o pão em dez fatias. Espalhe 1 colher (chá) de cream cheese em cada uma e sirva com canela em pó polvilhada, se quiser.

Valor nutricional por porção: Calorias 230 kcal **Proteínas** 9,4 g **Carboidratos** 11,8 g **Gorduras** 4,9 g

panqueca de mirtilo

RENDIMENTO: 4 porções
TEMPO DE PREPARO: 5 minutos
TEMPO DE COZIMENTO: 12 minutos

Muitos associam panquecas americanas com bufês de café da manhã gigantescos, mas elas não engordam necessariamente. Modifiquei a receita tradicional para fazer essa versão, que tem pouca gordura e muita proteína, para que você se sinta satisfeito. Além disso, são muito rápidas e fáceis de fazer.

1⅔ xícara (chá) de flocos de aveia (160 g)
1 xícara (chá) de queijo cottage light (250 g)
4 ovos batidos
1 colher (chá) de extrato de baunilha
250 g de mirtilo, mais 90 g, para servir
um fio de azeite
1¼ xícara (chá) de iogurte natural desnatado (300 g)
4 colheres (sopa) de calda de agave

1 Coloque a aveia, o queijo cottage, os ovos e a baunilha em uma vasilha grande e misture lentamente até formar uma massa consistente e macia. Usando uma colher de metal grande, cuidadosamente incorpore os mirtilos, tomando cuidado para não despedaçá-los.

2 Preaqueça o forno a 100°C. Unte uma frigideira antiaderente com um fio de azeite e aqueça em fogo médio até levantar fervura. Trabalhando em porções, coloque 1 colher (sopa) da massa na frigideira para fazer uma panqueca e repita, espaçando-as um pouco. Deixe por 2-3 minutos de cada lado, até que as partes de baixo e de cima comecem a dourar. Transfira para um prato refratário e mantenha aquecido no forno enquanto você prepara o restante da massa, que rende até dezesseis panquecas. Acrescente azeite, se necessário.

3 Para montar uma pilha, coloque 1 colher (sopa) de iogurte sobre uma panqueca, então coloque outra por cima seguida de mais 1 colher (sopa) de iogurte. Repita as camadas até formar uma pilha de quatro panquecas. Repita com as demais, formando quatro porções iguais. Coloque o iogurte restante por cima para finalizar. Regue com a calda de agave e sirva com os mirtilos.

Valor nutricional por porção: Calorias 291,6 kcal **Proteínas** 22,3 g **Carboidratos** 57,4 g **Gorduras** 11,8 g

S L A

iogurte crocante de frutas >

RENDIMENTO: 4 porções
TEMPO DE PREPARO: 10 minutos
TEMPO DE COZIMENTO: 2 minutos

15 g de amêndoa inteira
15 g de semente de girassol
2⅓ xícaras (chá) de iogurte natural desnatado (600 g)
200 g de melancia sem sementes e cortada em pedaços pequenos
150 g de mirtilo ou amora
4 colheres (chá) de calda de agave

1 Aqueça uma frigideira antiaderente em fogo baixo. Toste as amêndoas e as sementes de girassol por 2 minutos, mexendo às vezes, até ficarem levemente douradas. Fique de olho para não queimar. Tire do fogo e deixe esfriar completamente, então pique-as grosseiramente.

2 Coloque 1 colher (sopa) do iogurte em um copo alto e por cima uma camada de melancia e mirtilos ou amoras. Repita as camadas até encher o copo. Faça o mesmo com os ingredientes restantes em outros três copos para preparar quatro porções iguais. Polvilhe com as amêndoas tostadas e as sementes de girassol, regue com a calda de agave e sirva.

Valor nutricional por porção: Calorias 159 kcal **Proteínas** 13,7 g **Carboidratos** 18,3 g **Gorduras** 4,2 g

L A

mingau de quinoa com maçã e uva-passa

RENDIMENTO: 4 porções
TEMPO DE PREPARO: 10 minutos
TEMPO DE COZIMENTO: 20 minutos

1 xícara (chá) de quinoa (200 g)
2½ xícaras (chá) de leite desnatado ou de soja (625 ml)
2 maçãs vermelhas, 1 descascada, picada e sem sementes e 1 inteira
⅓ de xícara (chá) de uva-passa (40 g)
1 canela em pau
4 colheres (chá) de calda de agave
4 colheres (sopa) de castanha-do-pará para acompanhar
canela em pó, para polvilhar

1 Coloque a quinoa e 2 xícaras (chá) de leite (500 ml) em uma panela e deixe ferver em fogo médio. Abaixe o fogo e cozinhe por 5-10 minutos. Acrescente a maçã picada, as passas e a canela em pau e deixe por mais 3 minutos. Retire a canela em pau e cozinhe por mais 2 minutos, até que o líquido seja bem absorvido.

2 Ponha o leite restante em uma panela e aqueça, mexendo sempre, em fogo médio a baixo. Enquanto isso, retire a parte central da maçã com os caroços e rale-a. Quando o leite estiver quente, coloque a mistura de quinoa em vasilhas, dividindo em quatro porções iguais. Despeje o leite quente sobre cada porção, regue com a calda de agave e por cima coloque a maçã ralada, as castanhas-do-pará e uma pitada de canela. Sirva quente.

Valor nutricional por porção: Calorias 376 kcal **Proteínas** 14,5 g **Carboidratos** 25 g **Gorduras** 12 g

"Omeletes são a primeira opção de café da manhã para quando se quer perder peso."

superomelete californiana

RENDIMENTO: 4 porções
TEMPO DE PREPARO: 10 minutos
TEMPO DE COZIMENTO: 20 minutos

Omeletes são ricas em proteína, o que deixa você satisfeito e ajuda a produzir os hormônios do Fator S. Ovos também contêm vitamina D, que é supressora do apetite, e as gemas contêm colina, que ajuda você a se sentir atento e focado. É a maneira perfeita de começar o dia.

um fio de azeite
12 ovos batidos
100 g de cheddar maturado light ralado na hora
2 tomates picados
2 abacates fatiados
quatro punhados de broto de alfafa
um punhado de folhas de coentro picadas
1 limão-siciliano cortado ao meio, mais algumas fatias finas, para servir
sal e pimenta-do-reino moída na hora

1 Preaqueça o forno em temperatura média-alta e unte uma fôrma antiaderente com o azeite. Tempere os ovos com sal e pimenta e bata ligeiramente com um garfo.

2 Acrescente um quarto da mistura de ovos na fôrma, mexendo-a para cobrir todo o fundo por igual. Coloque a fôrma no forno por 5 minutos, puxando as pontas da mistura em direção ao centro da fôrma, até secar.

3 Vire a omelete em um prato. Polvilhe com um quarto do queijo, dos tomates, dos abacates, dos brotos de alfafa e do coentro, pingando as gotas de limão por cima. Dobre a omelete ao meio para segurar o recheio e cubra com papel-alumínio para manter aquecido. Repita com o restante da mistura de ovos e recheios e faça mais três omeletes, untando novamente a fôrma com o azeite, se necessário. Sirva quente com rodelas de limão para espremer por cima.

Valor nutricional por porção: Calorias 346,1 kcal **Proteínas** 13,2 g **Carboidratos** 1,3 g **Gorduras** 22 g

S D

cogumelo portobello grelhado com tomate-cereja assado

RENDIMENTO: 4 porções
TEMPO DE PREPARO: 10 minutos
TEMPO DE COZIMENTO: 16 minutos

Um café da manhã preparado na hora não precisa ser um ataque de gordura. Seguir o caminho vegetariano e assar em vez de fritar os cogumelos reduz a possibilidade de erro. O queijo feta é produzido com leite de ovelha e não de vaca, e meus clientes dizem se sentir menos estufados com ele.

500 g de tomate-cereja
1 colher (sopa) de vinagre balsâmico
um fio de azeite
2 colheres (sopa) de azeite
suco de 1 limão-siciliano
2 colheres (sopa) de cebolinha picada, mais 1 colher (sopa), para decorar
8 cogumelos portobello grandes
200 g de feta ou outro queijo de ovelha
pimenta-do-reino moída na hora

1 Preaqueça o forno a 180°C e arrume uma fôrma forrada com papel-alumínio. Coloque os tomates na fôrma e espalhe o vinagre balsâmico de forma homogênea por cima. Unte os tomates com o azeite e tempere com pimenta. Asse por 10 minutos, até que os tomates comecem a estourar e retire do forno.

2 Enquanto isso, retire os talos dos cogumelos e faça a marinada para eles. Misture o azeite, o suco de limão e a cebolinha. Preaqueça o forno elétrico em temperatura média-alta. Esfregue a marinada sobre os cogumelos e reserve o que sobrar.

3 Unte com azeite uma frigideira antiaderente que possa ir ao forno e aqueça em temperatura média. Acrescente os cogumelos com o chapéu para cima e cozinhe por 3 minutos, virando-os em seguida. Recheie a parte interna do cogumelo com o feta e regue com a marinada restante. Coloque a frigideira no forno por 2-3 minutos, até o queijo borbulhar. Com uma colher, regue cada cogumelo com os líquidos restantes na frigideira e polvilhe a cebolinha. Divida os cogumelos e tomates em quatro porções iguais e sirva.

Valor nutricional por porção: Calorias 180 kcal **Proteínas** 9,3 g **Carboidratos** 6,6 g **Gorduras** 11,6 g

S L

café da manhã do caubói

RENDIMENTO: 4 porções
TEMPO DE PREPARO: 15 minutos
TEMPO DE COZIMENTO: 1h45

Um prato de feijão é o que há de reconfortante no café da manhã de um dia frio, e fazer o seu em casa significa que não terá açúcar. O bacon crocante acrescenta um contraste torradinho e salgado ao molho de tomate adocicado.

- um fio de azeite
- 2 cebolas picadas
- 2 dentes de alho picados
- 1 pimentão vermelho sem sementes picado em cubinhos
- 1 colher (chá) de páprica
- ¼ de colher (chá) de cravo moído
- 2 colheres (sopa) de purê de tomate
- ½ xícara (chá) de polpa de tomate (125 ml)
- 1 colher (sopa) de adoçante natural à base de stevia ou xilitol
- 220 g de feijão, lavado e escorrido
- 1½ colher (chá) de molho inglês
- 8 fatias de bacon, sem a capa de gordura
- sal

1 Preaqueça o forno a 150°C. Se usar espetinhos de madeira, mergulhe-os em água fria por pelo menos 30 minutos antes de levá-los ao forno.

2 Unte uma panela refratária com azeite e aqueça em temperatura média-alta. Acrescente as cebolas, o alho e o pimentão e refogue por 5 minutos, até murchar. Polvilhe com a páprica e o cravo e cozinhe por 1 minuto, então acrescente o purê e a polpa de tomate, o adoçante natural e dois terços de xícara (chá) de água (150 ml) e leve para ferver em fogo alto. Abaixe o fogo ao mínimo e cozinhe por 10 minutos. Retire do fogo e deixe esfriar um pouco. Passe a mistura pelo mixer, processador ou liquidificador até ficar lisa. Volte à panela, se necessário.

3 Acrescente os feijões e o molho inglês à mistura e tempere com sal. Leve a panela ao fogo novamente e deixe ferver em fogo médio-alto. Cubra com uma tampa e leve ao forno por 1h30 ou até que os feijões fiquem macios, mas sem desmanchar.

4 Dez minutos antes do fim do tempo de cozimento, preaqueça o forno elétrico em temperatura média-alta. Enrole duas fatias de bacon em cada um dos quatro espetinhos, mantendo-os próximos até ficarem ligeiramente enrugados. Asse por 5 minutos de cada lado, até ficarem crocantes, então retire cuidadosamente os espetinhos. Divida o feijão e o bacon em quatro porções iguais e sirva.

Valor nutricional por porção: Calorias 237 kcal **Proteínas** 25 g **Carboidratos** 18,6 g **Gorduras** 7,2 g

S L A

blini de trigo-sarraceno com salmão defumado e creme de limão-siciliano

RENDIMENTO: 4 porções
TEMPO DE PREPARO: 25 minutos, mais 10 minutos para descansar
TEMPO DE COZIMENTO: 15 minutos

Apesar do nome, o trigo-sarraceno na verdade é uma semente de baixo IG, e não um cereal. Esse café da manhã é uma boa maneira de reduzir a "barriguinha de carboidrato" – o inchaço que você pode sentir depois de comer muita farinha de trigo.

1 xícara (chá) de leite desnatado ou de soja (200 ml)
½ colher (chá) de fermento em pó
½ colher (chá) de açúcar de confeiteiro
1 ovo separado
½ xícara (chá) de farinha de trigo-sarraceno (75 g)
½ xícara (chá) de farinha integral (75 g)
uma pitada de sal
um fio de azeite
200 g de salmão defumado

PARA O CREME:
gotas de limão-siciliano
⅔ de xícara (chá) de creme de leite light (150 g)
2 colheres (sopa) de endro, mais 1 colher (sopa), para polvilhar

1 Para a massa dos blinis, aqueça o leite em uma panela em fogo brando até amornar – cuidado para não esquentar demais ou o fermento perde o efeito. Retire a panela do fogo. Acrescente o fermento e o açúcar e reserve, com a panela tampada, em temperatura ambiente por 10 minutos, até que a mistura comece a fermentar.

2 Acrescente a gema à mistura de fermento e bata até incorporar. Peneire as farinhas e o sal em uma vasilha grande. Faça uma cova no meio das farinhas e incorpore aos poucos a mistura de fermento até formar uma massa pesada. Em uma vasilha limpa, bata as claras em neve e incorpore-as à massa usando uma colher de metal.

3 Para fazer o creme, misture bem o suco de limão, o creme de leite e o endro. Cubra e deixe esfriar na geladeira até o momento de usar.

4 Preaqueça o forno a 100°C. Unte uma frigideira antiaderente com azeite e aqueça em temperatura média. Trabalhando em porções, coloque uma 1 colher (sopa) da massa na frigideira para fazer um blini e repita, deixando um espaço entre eles. Frite por 2-3 minutos de cada lado até a superfície borbulhar. Mantenha aquecido no forno enquanto repete o processo até o fim da massa para fazer doze blinis, untando a frigideira quando necessário. Espalhe 1 colher (chá) do creme sobre cada blini e por cima coloque o salmão defumado. Divida em quatro porções iguais, polvilhe com endro e sirva.

Valor nutricional por porção: Calorias 223 kcal **Proteínas** 16,9 g **Carboidratos** 17,5 g **Gorduras** 9,2 g

S D A

falso risoto de surubim

RENDIMENTO: 4 porções
TEMPO DE PREPARO: 20 minutos
TEMPO DE COZIMENTO: 25 minutos

Risoto geralmente é sinônimo de uma montanha de arroz. Essa versão contém o surubim, que é amigo do cérebro, mas usa couve-flor em vez de arroz, o que torna o prato todo mais leve.

4 ovos
4 filés de surubim defumados sem corante, cada um com cerca de 120 g
2 folhas de louro
1 maço de couve-flor em ramos
um fio de azeite
2 cebolas picadas
2 dentes de alho descascados
1,5 cm de gengibre ralado
400 g de champignon fatiado
1 colher (sopa) de curry em pó suave
4 colheres (chá) de semente de mostarda escura
4 tomates picados
suco de 1 limão
um punhado de folhas de coentro picadas, mais 1 colher (sopa), para polvilhar
1 pimenta-malagueta sem sementes picada
4 colheres (sopa) de iogurte natural desnatado
pimenta-do-reino moída na hora (opcional)

1 Leve uma panela com água para ferver e cozinhe os ovos. Deixe ferver por 8 minutos. Retire os ovos da panela e enxague-os sob água fria por 1 minuto para interromper o cozimento. Reserve até esfriar o suficiente para manipular, então descasque e corte em quatro.

2 Enquanto isso, coloque o surubim e as folhas de louro em outra panela. Ponha água suficiente para cobrir os peixes até ferver, em temperatura média-alta. Abaixe o fogo ao mínimo e deixe cozinhar, com a panela tampada, por 5 minutos, até o peixe ficar cozido e opaco. Retire do fogo e escorra o surubim, descartando o louro. Quando estiver frio o suficiente para manusear, desfie o peixe, retirando as espinhas. Embrulhe em papel-alumínio e reserve.

3 Coloque a couve-flor no processador e bata até parecer arroz. Transfira para uma panela de banho-maria ou um escorredor sobre uma panela com cerca de 5 cm de água e leve ao fogo. Tampe e deixe cozinhar por 4 minutos, até ficar *al dente*.

4 Unte uma frigideira antiaderente com azeite e aqueça em fogo médio-alto. Acrescente as cebolas, o alho e o gengibre e refogue por 5 minutos, até murchar. Acrescente os champignons, o curry e as sementes de mostarda e refogue, mexendo por mais 5 minutos e acrescentando 1 colher (sopa) de água para evitar que grude no fundo da frigideira, se necessário.

5 Acrescente os tomates e o suco de limão e mexa até incorporar. Retire do fogo e misture com o surubim, o "arroz" de couve-flor, o coentro e a pimenta. Divida em quatro porções iguais e coloque por cima o iogurte, polvilhando com o coentro. Sirva com os ovos cozidos e uma pitada de pimenta, se quiser.

Valor nutricional por porção: Calorias 249,3 kcal **Proteínas** 35,2 g **Carboidratos** 146,4 g **Gorduras** 8,5g

S L D A

frango com lentilha

RENDIMENTO: 4 porções
TEMPO DE PREPARO: 15 minutos
TEMPO DE COZIMENTO: 25 minutos

Lentilhas são uma ótima fonte de fibras. Porém, elas também são 75% carboidratos, então compensa combiná-las com uma proteína magra, como frango, para equilibrar seus hormônios do Fator S e conseguir uma perda de peso rápida.

um fio de azeite
4 peitos de frango desossados e sem pele, cada um com cerca de 120 g
2 dentes de alho picados
3 xícaras (chá) de caldo de galinha com baixo teor de sódio (750 ml)
raspas finas e o suco de 1 limão-siciliano
1 xícara (chá) de lentilha (200 g)
200 g de tomate-cereja
um punhado de salsinha picada, mais 1 colher (sopa), para polvilhar
sal e pimenta-do-reino moída na hora

1 Unte uma frigideira antiaderente com azeite e aqueça em fogo médio-alto. Acrescente o frango e sele por 2-3 minutos de cada lado, até dourar. Acrescente o alho e frite por mais 2 minutos.

2 Preaqueça o forno a 180°C. Despeje 1 xícara (chá) do caldo (250 ml) e misture com as raspas e o suco de limão. Cozinhe em fogo brando por 10-15 minutos, até que o frango esteja cozido, de modo que saia um líquido claro ao furar a parte mais alta com uma faca afiada. Retire a frigideira do fogo. Transfira o frango para um prato, cubra com papel-alumínio e deixe descansar por 5 minutos, então fatie. Reserve o líquido que sobrar na frigideira.

3 Enquanto isso, coloque as lentilhas e o caldo restante em uma panela. Deixe ferver em fogo médio-alto, então abaixe o fogo e cozinhe por 20 minutos, até as lentilhas ficarem macias e bem cozidas. Coloque os tomatinhos em uma fôrma, unte com azeite e tempere levemente com sal e pimenta. Asse por 10-15 minutos.

4 Quando as lentilhas estiverem cozidas, escorra bem e misture com a salsinha. Divida em quatro porções iguais e coloque o frango por cima. Regue com o líquido que sobrou na frigideira, polvilhe com a salsinha e sirva com os tomatinhos.

Valor nutricional por porção: Calorias 280,5 kcal **Proteínas** 30,5 g **Carboidratos** 26,6 g **Gorduras** 14,3 g

"Essa receita vai ajudar você a estabilizar o açúcar de seu sangue para prevenir o acúmulo de gordura."

"Descobrir alternativas menos gordurosas para o almoço pode ser um desafio!"

S D A

porco cantonês em conchas de endívia

RENDIMENTO: 4 porções
TEMPO DE PREPARO: 10 minutos
TEMPO DE COZIMENTO: 20 minutos

Esqueça os sanduíches pesados e repetitivos. Esse almoço usa folhas de endívia (que têm um formato natural de colher) para segurar o recheio. O leve amargor da endívia contrasta com o porco adocicado e delicioso.

- 500 g de carne de porco moída
- 2 colheres (sopa) de molho de soja escuro
- 3 colheres (sopa) de molho de ostra
- 1 colher (chá) de adoçante natural à base de stevia ou xilitol
- 1 colher (chá) de óleo de gergelim
- uma pitada de pimenta-do-reino moída na hora
- um fio de azeite
- 2 dentes de alho bem picados
- 100 g de castanha-d'água lavada, seca e bem picada
- 24 folhas de endívia
- 8 castanhas-do-pará picadas, para polvilhar
- 1 colher (sopa) de coentro bem picado, para polvilhar (opcional)

1. Coloque a carne de porco moída, o molho de soja, o molho de ostras, o adoçante natural, o óleo de gergelim e a pimenta em uma vasilha e misture até incorporar bem.
2. Unte um wok com azeite e aqueça em fogo alto. Acrescente o alho e refogue por 2 minutos. Acrescente a mistura de carne de porco e frite, mexendo sempre, por 5 minutos, até a carne ficar dourada.
3. Continue cozinhando por 8-10 minutos, até que a carne fique totalmente cozida, acrescentando 1 colher (sopa) de água para evitar que grude no fundo do wok, se necessário. Trinta segundos antes do tempo de cozimento, acrescente as castanhas e mexa até que fiquem aquecidas.
4. Coloque a mistura do porco nas folhas de endívia e polvilhe com as castanhas-do-pará e o coentro, se quiser. Divida em quatro porções iguais e sirva.

Valor nutricional por porção: Calorias 289 kcal **Proteínas** 30,5 g **Carboidratos** 9,5 g **Gorduras** 13,1 g

hambúrguer de cordeiro com feta e bolinho de milho

RENDIMENTO: 4 porções
TEMPO DE PREPARO: 15 minutos, mais 20 minutos, para resfriar
TEMPO DE COZIMENTO: 35 minutos

Quem não quer um hambúrguer no almoço? Ao rechear esses com beterraba, você reduz a gordura. Os sabores combinam muito bem – e o feta acrescenta um sabor marcante ao gosto próprio da beterraba. O milho tem um IG muito mais baixo do que o trigo, então é uma ótima alternativa ao pão tradicional.

PARA OS HAMBÚRGUERES:
400 g de cordeiro moído
200 g de beterraba descascada e ralada
1 ovo batido
2 colheres (sopa) de hortelã picada, mais 4 colheres (chá), para polvilhar
1 dente de alho amassado
75 g de feta cortado em 4 cubos ou outro queijo de ovelha
sal e pimenta-do-reino moída na hora
2 tomates grandes, cada um cortado em 4 fatias, para servir

PARA OS BOLINHOS:
um fio de azeite
½ xícara (chá) de fubá pré-cozido (85 g)
1½ colher (chá) de fermento em pó
uma pitada de sal
½ xícara (chá) de iogurte natural desnatado (120 g), mais 4 colheres (sopa), para acompanhar
1 ovo batido
1 colher (sopa) de azeite
⅔ de xícara (chá) de milho doce em lata (120 g)

1 Para fazer os hambúrgueres, coloque o cordeiro moído, a beterraba, o ovo, a hortelã e o alho em uma vasilha. Tempere com sal e pimenta e misture bem. Com as mãos, divida a mistura em quatro pedaços iguais e enrole cada um formando uma bolinha. Aperte com o dedo no centro de cada uma criando uma depressão. Recheie com um cubo de feta e então feche para envolver o queijo. Achate as bolinhas e formate como um hambúrguer. Cubra e deixe esfriar na geladeira por 20 minutos.

2 Enquanto isso, preaqueça o forno a 200°C e unte quatro forminhas fundas com azeite. Para fazer os bolinhos, misture o fubá, o fermento e o sal. Em outra tigela, misture tudo com os ingredientes restantes. Acrescente a mistura de iogurte à de fubá e mexa lentamente com uma colher de pau até incorporar.

3 Distribua a mistura com uma colher nas quatro forminhas. Asse por 20 minutos, até dourar. Um palito inserido no centro deve sair limpo. Retire do forno e transfira para uma grade metálica para esfriar.

4 Aqueça uma frigideira grossa em fogo médio. Frite os hambúrgueres por 6-8 minutos de cada lado ou até que fiquem do seu gosto. Corte os bolinhos ao meio e coloque uma fatia de tomate embaixo de cada um. Sirva os hambúrgueres dentro dos bolinhos, com outra fatia de tomate, iogurte e hortelã por cima.

Valor nutricional por porção: Calorias 381 kcal **Proteínas** 31 g **Carboidratos** 11,8 g **Gorduras** 19 g

S D A

sopa thai de frutos do mar

RENDIMENTO: 4 porções
TEMPO DE PREPARO: 30 minutos
TEMPO DE COZIMENTO: 25 minutos

Acredita-se que as pimentas são termogênicas, o que significa que fazem nosso corpo queimar calorias em vez de estocá-las. Essa sopa picante vai atear fogo em seu metabolismo, e praticamente não tem gordura nem açúcar, então você pode se sentir virtuoso na hora do almoço.

250 g de camarão cru sem casca
um fio de azeite
8 pimentas verdes divididas ao meio
2 cm de gengibre descascado e ralado
4 talos de citronela bem picados sem as folhas
8 folhas de limão
6 xícaras (chá) de caldo de galinha com baixo teor de sódio (1,5 litro)
125 g de champignon cortado na metade
125 g de minimilho
1 colher (sopa) de pasta de curry vermelho thai
500 g de frutos do mar mistos, como camarão, mexilhão e lula
3 colheres (sopa) de molho de peixe thai
suco de ½ limão-siciliano
2 colheres (sopa) de folhas de coentro bem picadas, para polvilhar
pimenta seca em flocos, para polvilhar

1 Limpe os camarões, reservando as cascas. Enxágue bem e reserve.

2 Unte uma frigideira antiaderente com um fio de azeite e aqueça em fogo alto. Acrescente os camarões por 1 minuto, até ficarem cor-de-rosa. Coloque a pimenta, o gengibre, a citronela, as folhas de limão e o caldo. Deixe ferver em fogo alto, então abaixe o fogo e cozinhe sem tampa por 15 minutos.

3 Retire a frigideira do fogo e coe o caldo em uma panela limpa, desprezando os sólidos. Acrescente os champignons, os minimilhos, os camarões crus e a pasta de curry e ferva em fogo médio-alto. Acrescente a mistura de frutos do mar (descongelada, se for o caso), abaixe o fogo e cozinhe por 3 minutos, até aquecer totalmente. Retire do fogo e coloque o molho de peixe e o suco de limão. Divida em quatro porções iguais, polvilhe cada uma com coentro e uma pitada de pimenta em flocos e sirva.

Valor nutricional por porção: Calorias 150 kcal **Proteínas** 27,4 g **Carboidratos** 11,8 g **Gorduras** 2,4 g

S L
D A

tartelette niçoise

RENDIMENTO: 4 porções
TEMPO DE PREPARO: 20 minutos, mais 10 minutos de cura
TEMPO DE COZIMENTO: 30 minutos

um fio de azeite
½ xícara (chá) de abobrinha ralada (75 g)
2 colheres (sopa) de farinha de grão-de-bico (20 g)
½ xícara (chá) de parmesão ralado fino na hora (50 g)
1 colher (chá) de orégano
1 ovo batido
1 cebola grande picada
1 dente de alho bem picado
1⅔ xícara (chá) de tomate pelado picado (400 g)
1 folha de louro
4 ramos de tomilho, 1 inteiro e 3 sem as folhas e picado, mais outros ramos, para decorar
um punhado de salsinha picada
uma pitada de adoçante natural à base de stevia ou xilitol
30 g de aliche em conserva
200 g de atum em lata, escorrido e desmanchado
um punhado de azeitona preta sem caroço cortada ao meio
½ cebola roxa picada
sal e pimenta-do-reino moída na hora
vagem escaldada, para acompanhar

1 Preaqueça o forno a 200°C e unte quatro forminhas de torta de fundo removível de 9 cm com azeite. Coloque a abobrinha em um escorredor, polvilhe com sal e deixe escorrer por 10 minutos.

2 Pressione a abobrinha no fundo com uma colher de pau para remover o máximo possível de água. Junte a abobrinha com a farinha, o parmesão e o orégano e tempere com sal e pimenta. Acrescente o ovo e misture bem até que tudo forme uma massa.

3 Divida a massa em quatro porções iguais. Usando o fundo de uma colher de metal, pressione-a gentilmente no fundo das fôrmas (não dos lados) e pré-asse por 10 minutos, até dourar nas bordas. Retire do forno e reserve.

4 Enquanto isso, unte uma frigideira antiaderente com azeite e aqueça em fogo médio-alto. Acrescente a cebola e refogue por 5 minutos, até murchar. Coloque o alho, tempere com sal e pimenta e refogue por 2 minutos; adicione 1 colher (sopa) de água para evitar que a cebola e o alho escureçam, se necessário. Ponha os tomates picados, a folha de louro, os ramos de tomilho, a salsinha e o adoçante. Leve ao fogo alto até levantar fervura, então abaixe o fogo e cozinhe sem tampa por 20 minutos, até o molho reduzir e engrossar.

5 Retire a frigideira do fogo e descarte a folha de louro e os ramos de tomilho. Passe o molho pelo processador, liquidificador ou mixer até a mistura ficar homogênea. Seque o aliche em papel-toalha e corte cada filé ao meio. Espalhe uma camada de molho sobre cada base de torta e polvilhe com um quarto do atum, das azeitonas, da cebola, das folhas de tomilho e do aliche sobre cada uma. (O molho que sobrar pode ser guardado na geladeira em embalagem sem ar por 1 dia.) Asse por 10 minutos, até a base dourar e o recheio ficar bem quente. Sirva uma torta por pessoa com uma pilha de vagens escaldadas crocantes e ramos de tomilho.

Valor nutricional por porção: Calorias 236 kcal **Proteínas** 26,4 g **Carboidratos** 12,2 g **Gorduras** 38,8 g

L D

camarão-tigre com cuscuz de couve-flor

RENDIMENTO: 4 porções
TEMPO DE PREPARO: 15 minutos, mais 3 minutos, para marinar
TEMPO DE COZIMENTO: 6 minutos

Camarões são uma boa fonte de proteína magra, o que é ótimo para seus hormônios do Fator S, especialmente para a dopamina. Ao trocar o cuscuz marroquino de sêmola por esse de couve-flor você reduz na hora o amido e as calorias.

400 g de camarão-tigre cru, sem casca e eviscerado
sal e pimenta-do-reino moída na hora
fatias de limão, para servir (opcional)

PARA A MARINADA:
5 dentes de alho amassados
2 colheres (sopa) de folhas de estragão picadas
1 colher (sopa) de endro picado
1 colher (sopa) de azeite

PARA O CUSCUZ:
1 maço de couve-flor em ramos
um punhado de folhas de hortelã bem picadas
um punhado de folhas de salsinha bem picadas, mais um pouco para servir
½ cebola roxa em fatias finas
suco de ½ limão-siciliano
6 tomates-cereja cortados em 4
1 colher (chá) de páprica doce

1 Se usar palitos de madeira, mergulhe-os em água fria por pelo menos 30 minutos antes de grelhar. Para fazer a marinada, coloque todos os ingredientes em uma vasilha não metálica, tempere com sal e pimenta e misture bem. Acrescente os camarões à marinada e mexa bem para que fiquem bem envolvidos pelo tempero. Cubra e leve à geladeira para esfriar por 3 horas.

2 Enquanto isso, faça o cuscuz. Passe a couve-flor pelo processador pulsando até que lembre os grãos de sêmola pré-cozida, o cuscuz marroquino. Transfira para uma vasilha, junte os demais ingredientes e tempere com sal e pimenta. Reserve.

3 Use uma escumadeira para retirar os camarões da marinada, reservando-a. Espete cerca de 6 camarões em 4 espetinhos. Aqueça uma frigideira de fundo grosso em fogo médio-alto e doure os camarões, pincelando com a marinada reservada, por cerca de 2-3 minutos de cada lado, até ficarem cor-de-rosa e bem cozidos. Retire os espetinhos e divida os camarões e o cuscuz em quatro porções iguais. Polvilhe com a salsinha e sirva com fatias de limão para espremer por cima, se quiser.

Valor nutricional por porção: Calorias 148 kcal **Proteínas** 21,3 g **Carboidratos** 4,3 g **Gorduras** 5,6 g

"Esse prato tem muito poucas calorias, mas é uma explosão de sabores."

mexilhão vietnamita

S ○
D **A**

RENDIMENTO: 4 porções
TEMPO DE PREPARO: 15 minutos
TEMPO DE COZIMENTO: 30 minutos

Incluí muitas receitas de inspiração asiática neste livro porque, em vez de se valer de manteiga, creme de leite e queijo, eles usam temperos naturais para levantar ingredientes simples e saudáveis. Não deixe de esfregar e limpar bem os mexilhões para retirar todos os vestígios de areia.

1 kg de mexilhão nas conchas
2½ xícaras (chá) de caldo de galinha com baixo teor de sódio (600 ml)
1 pimenta verde pequena, sem sementes e bem picada
1 cebola bem picada
2 talos de citronela, bem picados e sem as folhas
dois punhados de manjericão thai ou de coentro bem picados, mais 1 colher (sopa), para polvilhar
sal e pimenta-do-reino moída na hora

1. Retire e descarte as fibras dos mexilhões e lave-os em uma vasilha sob água fria corrente, esfregando para retirar tudo que estiver na casca e toda a areia. Descarte os que flutuarem ou os que estiverem abertos e não fecharem ao toque.

2. Coloque o caldo em uma panela grande. Acrescente a pimenta, a cebola, a citronela e o manjericão thai e ferva em fogo alto. Abaixe o fogo e cozinhe com a panela tampada por 15-20 minutos, até que os sabores se combinem. Tempere com sal e pimenta.

3. Acrescente os mexilhões ao caldo quente e cozinhe, tampando a panela, por 4-5 minutos, até que todos estejam abertos. Descarte os que não abrirem. Divida os mexilhões e o caldo em quatro porções iguais, polvilhe com manjericão thai e sirva.

Valor nutricional por porção: Calorias 181 kcal **Proteínas** 31,3 g **Carboidratos** 5,7 g **Gorduras** 2,6 g

L A

fava do Oriente Médio com sopa de arroz integral

RENDIMENTO: 4 porções
TEMPO DE PREPARO: 10 minutos
TEMPO DE COZIMENTO: 30 minutos

As pesquisas indicam que nos sentimos mais satisfeitos depois de comer alimentos liquefeitos do que quando comemos sólidos. Essa receita é um ótimo "enche barriga" – é cheia de fibras, graças às favas, e ajuda a equilibrar a leptina. Favas são uma boa fonte de magnésio, que é naturalmente calmante, então funcionam bem para quem come por estresse também.

um fio de azeite
2 cebolas picadas
2 talos de aipo picados
½ xícara (chá) de arroz integral (100 g)
2 ramos de tomilho fresco
450 g de fava fresca ou congelada
1¼ xícara (chá) de caldo de legumes com baixo teor de sódio
sal e pimenta-do-reino moída na hora
4 colheres (sopa) de iogurte natural desnatado, para acompanhar
2 colheres (sopa) de folhas de hortelã bem picadas, para polvilhar

1 Unte uma panela antiaderente com azeite e leve ao fogo médio-alto. Acrescente as cebolas e o aipo e refogue por 10 minutos, até as cebolas murcharem. Acrescente o arroz, o tomilho, as favas e o caldo, tempere com sal e pimenta e mexa. Deixe ferver, abaixe o fogo e cozinhe por 15 minutos, até que o arroz esteja cozido.

2 Tire do fogo, descarte os ramos de tomilho e deixe esfriar um pouco. Divida em quatro porções iguais e sirva com uma 1 colher (sopa) de iogurte por cima de cada uma. Polvilhe com a hortelã e sirva.

Valor nutricional por porção: Calorias 208 kcal **Proteínas** 12,3 g **Carboidratos** 35 g **Gorduras** 10,3 g

S O
D A

pizza de alcachofra siciliana e ovo

RENDIMENTO: 4 porções
TEMPO DE PREPARO: 20 minutos
TEMPO DE COZIMENTO: 45 minutos

Pizza também está na lista de itens de que meus clientes "realmente sentem falta". Você pode fazer uma pizza de sucesso com uma base crocante usando ovos e cream cheese light. É, parece um pouco estranho, mas dê uma chance – essas "pizzas" sicilianas de ovos têm uma cara e um gosto espetaculares!

- um fio de azeite
- 400 g de cheddar maturado light ralado na hora
- ½ xícara (chá) de cream cheese light (230 g)
- 2 ovos inteiros e 4 claras batidas
- 1 colher (chá) de orégano
- 2 dentes de alho amassados
- 4 colheres (sopa) de polpa de tomate
- uma boa pitada de adoçante natural à base de stevia ou xilitol
- 4 ovos
- 3 minialcachofras em conserva escorridas, secas em papel-toalha e desfeitas
- 1 xícara (chá) de azeitona verde sem caroço
- ¾ de xícara (chá) de parmesão ralado na hora (75 g)
- sal e pimenta-do-reino moída na hora
- 2 abobrinhas grelhadas, para acompanhar
- 4 pimentões vermelhos ou amarelos, cortados na metade e grelhados, para acompanhar

1. Preaqueça o forno a 190ºC e unte com azeite quatro fôrmas redondas de fundo removível de 9 cm. Polvilhe o fundo de cada fôrma com um quarto do cheddar e reserve.

2. Bata o cream cheese, os ovos, o orégano e o alho em uma vasilha grande. Divida essa mistura nas fôrmas e arrume a superfície de cada uma com uma colher. Pré-asse por 30 minutos, até resistir ao toque e ganhar uma cor dourada escura. Retire do forno.

3. Coloque a polpa e o adoçante em uma vasilha pequena. Tempere com sal e pimenta e misture bem. Espalhe 1 colher (sopa) da mistura sobre cada base de pizza. Quebre cuidadosamente 1 ovo no centro de cada base. Polvilhe com um quarto das alcachofras, azeitonas e parmesão, evitando os ovos. Leve ao forno por 10-15 minutos, até que as claras estejam bem cozidas. Sirva uma pizza por pessoa com as abobrinhas grelhadas e os pimentões.

Valor nutricional por porção: Calorias 492 kcal **Proteínas** 46,8 g **Carboidratos** 10,3 g **Gorduras** 31 g

L A

bolinha de grão-de-bico com molho de beterraba

RENDIMENTO: 4 porções
TEMPO DE PREPARO: 30 minutos, mais o tempo de resfriar e 20 minutos de marinada
TEMPO DE COZIMENTO: 1 hora

PARA O MOLHO:
400 g de beterraba
suco de ½ limão-siciliano
4 colheres (chá) de azeite
2 colheres (sopa) de salsinha bem picada
1⅔ xícara (chá) de iogurte natural desnatado (400 g)
pimenta-do-reino moída na hora

PARA AS BOLINHAS DE GRÃO-DE-BICO:
um fio de azeite
1 cebola bem picada
2 dentes de alho amassados
440 g de grão-de-bico cozido
1 xícara (chá) de migalhas de pão integral fresco (80 g)
1 ovo batido
uma pitada de sal
pimenta-do-reino moída na hora
2 colheres (sopa) de farinha de grão-de-bico, se necessário
2 colheres (sopa) de chermoula ou ½ colher (chá) de pasta de harissa

1 Preaqueça o forno a 180°C. Para fazer o molho, envolva a beterraba em papel-alumínio e coloque em uma fôrma. (Mantenha o talo da raiz para evitar que a beterraba solte líquidos durante o cozimento.) Leve ao forno por 45 minutos, até que um palito inserido na parte mais grossa não enfrente resistência. Retire do forno e deixe esfriar completamente.

2 Enquanto isso, faça as bolinhas de grão-de-bico. Unte uma frigideira antiaderente com azeite e aqueça em fogo médio-alto. Acrescente a cebola e o alho e refogue por 5 minutos, até murchar. Retire do fogo e deixe esfriar completamente.

3 Passe o grão-de-bico pelo processador até ficar parecendo migalhas de pão grandes. Transfira para uma vasilha grande e acrescente a cebola, o alho, as migalhas de pão, o ovo, o sal e uma pitada de pimenta e misture bem. Com as mãos, divida a mistura em doze partes iguais e enrole – se a massa estiver muito úmida, dê o ponto com farinha de grão-de-bico.

4 Coloque a chermoula e 2 colheres (sopa) de água em uma vasilha e misture. Pincele a mistura sobre cada bolinha, tampe e deixe marinar na geladeira por pelo menos 20 minutos.

5 Quando a beterraba esfriar totalmente, tire a casca e corte em fatias finas. Em uma tigela, acrescente o suco de limão, o azeite, a salsinha e o iogurte, tempere com sal e pimenta e misture bem. Tampe e deixe esfriar na geladeira pelo tempo necessário.

6 Unte uma frigideira antiaderente com azeite e aqueça em fogo médio-alto. Acrescente as bolinhas de grão-de-bico e frite por 8-10 minutos, até dourarem. Divida em quatro porções iguais e sirva com o molho.

Valor nutricional por porção: Calorias 357,6 kcal **Proteínas** 22,3 g **Carboidratos** 48,4 g **Gorduras** 26,2 g

S L
A

tagliatelle de abobrinha

RENDIMENTO: 4 porções
TEMPO DE PREPARO: 15 minutos
TEMPO DE COZIMENTO: 15 minutos

Massa, mesmo não sendo um pesadelo em si para a dieta, é algo difícil de controlar em termos de quantidade. O certo seria comer apenas 50 g! Outra opção é fazer uma "massa" sem farinha, com baixo IG, usando legumes. Esse prato usa abobrinhas escaldadas, mas você pode usar brotos de feijão ao vapor, ervilha-torta refogada ou a vagem da ervilha.

2 colheres (sopa) de pinhole
um fio de azeite
1 pimentão vermelho sem sementes fatiado
1 xícara (chá) de ervilha congelada (150 g)
1 bulbo de erva-doce em fatias finas
¾ de xícara (chá) de vinho branco (150 ml)
4 abobrinhas
um punhado de salsinha bem picada, mais um pouco para polvilhar

1 Aqueça uma frigideira seca em fogo alto. Abaixe o fogo até a temperatura média, acrescente os pinholes e toste por 2-3 minutos, até dourar levemente. (Sacuda a frigideira às vezes para não queimar.) Retire a frigideira do fogo e reserve os pinholes.

2 Unte uma panela antiaderente com azeite e aqueça em fogo médio. Acrescente o pimentão e as ervilhas e refogue por 4-5 minutos. Acrescente a erva-doce e o vinho e deixe ferver levemente, então abaixe o fogo e cozinhe por 5 minutos, até que o molho engrosse. Retire a panela do fogo, tampe e mantenha aquecido enquanto você cozinha o tagliatelle de abobrinha.

3 Ferva água em uma panela grande. Apare e corte ao meio as abobrinhas, e fatie em fitas usando um descascador de legumes. Mergulhe as fitas de abobrinha na água e cozinhe por 2 minutos, até murcharem e ficarem bem aquecidas. Escorra bem.

4 Coloque as fitas de abobrinha e a salsinha no molho e mexa bem. Divida em quatro porções iguais, polvilhe com a salsinha e os pinholes tostados e sirva.

Valor nutricional por porção: Calorias 163 kcal **Proteínas** 7,6 g **Carboidratos** 11 g **Gorduras** 6,6 g

L A

charutinho de quinoa e pinhole com tzatziki

RENDIMENTO: 4 porções
TEMPO DE PREPARO: 20 minutos
TEMPO DE COZIMENTO: 1h10

Charutinhos são feitos com arroz branco, que tem pouca proteína – o açúcar de seu sangue tem um pico e a vontade de comer doce vem na hora. Dei um toque do Fator S na receita tradicional usando quinoa, rica em proteína, com um molho de iogurte.

PARA OS CHARUTINHOS:
um fio de azeite
½ cebola picada
1 dente de alho amassado
1¼ xícara (chá) de quinoa (250 g)
⅓ de xícara (chá) de pinhole picado (50 g)
2 xícaras (chá) de caldo de legumes com baixo teor de sódio (455 ml)
2 colheres (sopa) de hortelã bem picada
2 colheres (sopa) de salsinha bem picada
raspas e suco de 1 limão-siciliano
16 folhas de uva em conserva ou folhas de repolho
sal e pimenta-do-reino moída na hora

PARA O TZATZIKI:
½ pepino ralado
1 xícara (chá) de iogurte natural desnatado (250 g)
1 dente de alho amassado
suco de ½ limão-siciliano
1 colher (sopa) de hortelã picada, mais um pouco para polvilhar (opcional)

1 Para fazer os charutinhos, unte uma panela antiaderente com azeite. Aqueça em fogo médio-alto, acrescente a cebola e o alho e refogue por 5 minutos, até murchar. Acrescente a quinoa, os pinholes e o caldo e deixe mais 2 minutos. Abaixe o fogo e cozinhe com a panela tampada por 15-20 minutos, até que a quinoa fique macia. Tire a panela do fogo. Misture as ervas, as raspas de limão e o suco, tempere com sal e pimenta e deixe esfriar completamente.

2 Preaqueça o forno a 200°C e unte um prato raso refratário com azeite. Lave e escorra as folhas de uva e seque-as em papel-toalha.

3 Coloque 1-2 colheres (chá) da mistura de quinoa no centro de uma folha de uva. Dobre as duas pontas para fechar o recheio e enrole a folha. Repita com o recheio e as folhas remanescentes para fazer 16 charutinhos. Transfira-os para o prato preparado, deixando-os bem apertados entre si. Coloque por cima dois terços de xícara (chá) de água fervente (150 ml). Cubra com papel-alumínio e cozinhe por 40 minutos, até a água evaporar.

4 Para fazer o tzatziki, coloque o pepino em um pano de prato limpo e esprema para retirar o máximo possível de água. Transfira para uma vasilha, acrescente os demais ingredientes e misture bem. Divida os charutinhos em quatro porções iguais e sirva com o tzatziki polvilhado com mais hortelã, se quiser.

Valor nutricional por porção: Calorias 384 kcal **Proteínas** 17 g **Carboidratos** 47 g **Gorduras** 13,6 g

S L D A

frango empanado com fubá e purê de couve-flor

RENDIMENTO: 4 porções
TEMPO DE PREPARO: 15 minutos
TEMPO DE COZIMENTO: 30 minutos

Frango frito empanado é comida para a alma, mas não para o traseiro – é inacreditavelmente rico em gordura. Minha versão tem uma crosta saudável e o purê praticamente não tem carboidratos.

um fio de azeite
⅔ de xícara (chá) de fubá (100 g)
½ xícara (chá) de parmesão ralado fino na hora (50 g)
1 colher (chá) de pimenta-de-caiena moída na hora
2 colheres (sopa) de farinha de grão-de-bico ou de soja
1 ovo batido
4 peitos de frango desossados e sem pele, cada um com cerca de 120 g
sal
50 g de agrião novo, para servir

PARA O PURÊ:
1 maço de couve-flor em ramos
gotas de suco de limão-siciliano
4 colheres (sopa) de cream cheese light
pimenta-do-reino moída na hora

1 Preaqueça o forno a 200°C e unte uma fôrma com azeite. Em uma vasilha, misture a fubá, o parmesão, a pimenta-de-caiena e uma pitada de sal. Coloque a farinha e o ovo separados, em vasilhas rasas. Passe o peito de frango na farinha, cobrindo bem e retirando todo o excesso, então passe cada um no ovo e então na mistura de fubá.

2 Transfira o frango para a fôrma preparada e leve ao forno por 20-30 minutos, até o frango estar bem cozido e, quando furado com uma faca afiada na parte mais alta, soltar um líquido claro. (Se a mistura de fubá começar a queimar, cubra com papel-alumínio e mantenha no forno até ficar bem cozida.)

3 Quinze minutos antes de servir, faça o purê. Coloque a couve-flor em uma panela a vapor ou em um escorredor sobre uma panela com cerca de 5 cm de água e deixe ferver. Cubra e cozinhe no vapor por 10 minutos, até ficar bem macia. Escorra a couve-flor e deixe esfriar um pouco, então passe pelo processador até ficar como um purê de batatas. Vá acrescentando água, 1 colher (chá) por vez, até obter a consistência, se necessário. Misture com o limão e o cream cheese e tempere com sal e pimenta. Divida o purê e o frango em quatro porções iguais e sirva com o agrião.

Valor nutricional por porção: Calorias 335 kcal **Proteínas** 37 g **Carboidratos** 11 g **Gorduras** 7,8 g

S D

cozido cretense de peru

RENDIMENTO: 4 porções
TEMPO DE PREPARO: 15 minutos
TEMPO DE COZIMENTO: 1 hora

Peru é ainda mais rico em triptofano do que frango, então é uma excelente opção para quem quer equilibrar seus níveis de serotonina. Apesar de eventualmente ficar seco, usá-lo em um ensopado mantém a umidade e resulta em um jantar substancioso.

1 colher (sopa) de azeite
400 g de peito de peru cortado em cubos
2 canelas em pau
1 colher (chá) de cravo amassado
1 ramo de alecrim
½ xícara (chá) de vinho tinto encorpado como cabernet sauvignon (125 ml)
2 colheres (sopa) de purê de tomate
1 colher (chá) de adoçante natural à base de stevia ou xilitol
2 colheres (sopa) de vinagre de vinho tinto
1 xícara (chá) de caldo de galinha com baixo teor de sódio (250 ml)
um fio de azeite
250 g de cebola
250 g de mandioquinha picada
4 abobrinhas
gotas de limão-siciliano
sal e pimenta-do-reino moída na hora
1 colher (sopa) de salsinha picada, para servir

1 Aqueça o azeite em uma panela refratária em fogo médio. Acrescente o peru e refogue mexendo às vezes por 10 minutos, até dourar de todos os lados. Coloque os temperos e o alecrim e cozinhe por mais um 1 minuto, então acrescente o vinho, o purê de tomate, o adoçante, o vinagre e o caldo. Leve ao fogo médio-alto até levantar fervura, abaixe o fogo e cozinhe com a panela tampada por 25 minutos, até que o peru fique bem cozido.

2 Unte uma frigideira com azeite e aqueça em fogo médio-alto. Acrescente as cebolas e a mandioquinha e cozinhe por 5 minutos, até dourar, e junte ao ensopado de peru. Cozinhe com a panela tampada por mais 10-15 minutos, até os legumes ficarem macios.

3 Dez minutos antes de encerrar o tempo de cozimento, ferva água em uma panela grande. Apare e corte as abobrinhas ao meio, e fatie em fitas usando um descascador de legumes. Mergulhe as fitas de abobrinha na água e cozinhe por 2 minutos, até murcharem e ficarem bem aquecidas. Escorra bem. Pingue as gotas de limão e tempere com sal e pimenta. Divida as fitas de abobrinha e o ensopado em quatro porções iguais, polvilhe com salsinha e sirva.

Valor nutricional por porção: Calorias 285 kcal **Proteínas** 30,5 g **Carboidratos** 20,7 g **Gorduras** 7,5 g

S L
D A

tagine marroquino com brócolis e tabule de pistache

RENDIMENTO: 4 porções
TEMPO DE PREPARO: 20 minutos
TEMPO DE COZIMENTO: 3h50

Esse é um dos meus pratos favoritos. Cordeiro é uma carne gordurosa, mas cheia de sabor, então misturá-la com carne de porco realmente dá um toque especial, sem deixar de ser um prato saudável.

300 g de ombro de porco magro, cortado em cubos
300 g de pescoço de cordeiro picado
1 cebola picada
½ dente de alho amassado
¼ de colher (chá) de semente de cominho
½ colher (chá) de semente de coentro
½ canela em pau
uma pitada de pimenta-de-caiena
1½ xícara (chá) de caldo de galinha com baixo teor de sódio (375 ml)
2 cenouras em rodelas
⅓ de xícara (chá) de amêndoa inteira (50 g)
3 damascos secos cortados ao meio
suco de 1½ limão-siciliano, mais raspas de ½ e rodelas, para servir
1½ colher (chá) de calda de agave
um punhado de pistache descascado sem sal
2 maços de brócolis em ramos
½ cebola roxa bem picada
½ xícara de salsinha picada
½ xícara de coentro picado
½ xícara de hortelã picada
1 romã
1 colher (chá) de azeite
1 colher (chá) de adoçante natural à base de stevia ou xilitol
rodelas de limão, para servir

1 Preaqueça o forno a 190°C. Para fazer o tagine, coloque o porco, o cordeiro, a cebola, o alho, os temperos e a pimenta-de-caiena em uma panela refratária. Coloque o caldo, cubra com uma tampa e leve ao forno. Cozinhe coberto por 2 horas, até a carne ficar macia a ponto de desmanchar. Retire a panela do forno e acrescente as cenouras, as amêndoas, os damascos e dois terços do suco de limão-siciliano. Volte a panela ao forno e cozinhe coberto por mais 1h30. Misture a calda de agave, tire a tampa e deixe mais 20 minutos.

2 Vinte minutos antes do fim do tempo de cozimento prepare o tabule. Aqueça a frigideira antiaderente em fogo baixo, coloque os pistaches e toste por 2 minutos, mexendo às vezes, até dourar levemente. Preste atenção para não queimar. Retire a frigideira do fogo e reserve. Passe o brócolis pelo processador até ficar parecendo migalhas de pão. Transfira para uma vasilha e acrescente os pistaches tostados, a cebola roxa e as ervas. Corte a romã ao meio e, segurando sobre a vasilha, bata com uma colher de pau na casca até que todas as sementes caiam na vasilha.

3 Ponha o que sobrou do suco de limão em uma vasilha, acrescente as raspas, o azeite e o adoçante natural e mexa bem. Despeje esse molho sobre o tabule e misture. Retire e descarte a canela do tagine. Divida o tagine e o tabule em quatro porções iguais, polvilhe com coentro e sirva com rodelas de limão para espremer por cima.

Valor nutricional por porção: Calorias 314 kcal **Proteínas** 36,2 g **Carboidratos** 26 g **Gorduras** 15,9 g

S L

shepherd's pie

RENDIMENTO: 4 porções
TEMPO DE PREPARO: 30 minutos
TEMPO DE COZIMENTO: 1h30

Shepherd's pie é um prato típico da culinária inglesa que definitivamente está mais para aumentar o "músculo do tchau" do que para uma "barriga de tanquinho". Alterei a receita tradicional acrescentando mais legumes e trocando o purê de batata por um mix de couve-flor e batata-doce que têm baixo IG.

500 g de batata-doce picada
500 g de couve-flor em ramos
2 colheres (sopa) de cream cheese light
gotas de suco de limão-siciliano
uma pitada de pimenta-de-caiena
um fio de azeite
1 cebola picada
2 cenouras grandes picadas
500 g de carne de cordeiro magra moída
2 colheres (sopa) de molho inglês
2 colheres (sopa) de extrato de tomate
1 ramo de alecrim
1 xícara (chá) de caldo de cordeiro com baixo teor de sódio (220 ml)
1¼ xícara (chá) de ervilha congelada (200 g)
50 g de parmesão ralado na hora
sal e pimenta-do-reino moída na hora
cenoura no vapor, para servir
vagem no vapor, para servir

1 Para fazer a cobertura, ferva as batatas-doces em uma panela grande com água em fogo médio-alto, abaixe o fogo e cozinhe por 10 minutos. Acrescente a couve-flor, cubra com uma tampa bem ajustada e cozinhe por mais 10 minutos, até todos os legumes ficarem macios. Retire do fogo, escorra e deixe esfriar um pouco. Passe no processador acrescentando o cream cheese, o suco de limão, a pimenta-de-caiena e temperando com sal e pimenta, até ficar uma pasta homogênea. Reserve.

2 Preaqueça o forno a 190°C. Unte uma panela de fundo grosso com azeite e aqueça em fogo médio-alto. Acrescente a cebola e as cenouras e refogue por 5 minutos. Junte o cordeiro moído e refogue por mais 5-10 minutos, até dourar, desfazendo os grumos da carne e acrescentando 1 colher (sopa) de água para evitar que grude no fundo da panela, se necessário.

3 Acrescente o molho inglês, o extrato de tomate, o alecrim e o caldo. Deixe ferver, abaixe o fogo e cozinhe em fogo brando por 15 minutos. Acrescente as ervilhas e cozinhe por mais 5-10 minutos, até o molho engrossar.

4 Divida o recheio igualmente em quatro fôrmas refratárias pequenas. Espalhe um quarto da cobertura sobre cada recheio. Afofe a parte de cima com um garfo e polvilhe cada um com um quarto do parmesão. Asse por 20-25 minutos, até as coberturas ficarem douradas e crocantes. Sirva cada torta com as cenouras e as vagens cozidas no vapor.

Valor nutricional por porção: Calorias 451 kcal **Proteínas** 31,4 g **Carboidratos** 37,6 g **Gorduras** 11,3 g

S L A

cordeiro refogado com purê de lentilha e alecrim

RENDIMENTO: 4 porções
TEMPO DE PREPARO: 10 minutos
TEMPO DE COZIMENTO: 2h15

Canela de cordeiro não precisa ficar fora do cardápio se você está tentando perder peso. O toque do Fator S é você não colocar creme de leite ou manteiga no molho, mas usar o suco da própria carne sobre um purê de lentilhas cheio de fibra.

PARA AS CANELAS DE CORDEIRO:
um fio de azeite
4 canelas de cordeiro pequenas, cada uma com cerca de 200 g
1 cebola roxa bem picada
1 cabeça de alho, com os dentes descascados e fatiados
2 ramos de alecrim
$1\frac{2}{3}$ xícara (chá) de tomate pelado em cubos (400 g)
1 colher (sopa) de vinagre balsâmico
$\frac{2}{3}$ de xícara (chá) de vinho tinto (175 ml)
$\frac{3}{4}$ de xícara (chá) de caldo de cordeiro com baixo teor de sódio (200 ml)

PARA O PURÊ:
$\frac{3}{4}$ de xícara (chá) de lentilha amarela ou laranja (200 g)
1 cebola picada
2 dentes de alho picados
1 ramo de alecrim, mais 1 colher (sopa) de folhas picadas, para polvilhar
suco de $\frac{1}{2}$ limão-siciliano
sal e pimenta-do-reino moída na hora

1 Preaqueça o forno a 160°C. Unte uma panela refratária com azeite e aqueça em fogo médio-alto. Coloque as canelas de cordeiro por 10 minutos ou até ficarem totalmente douradas. Retire-as da panela e reserve.

2 Na mesma panela, ponha a cebola roxa e refogue por 5 minutos, acrescentando 1 colher (sopa) de água para evitar que grude, se necessário. Adicione o alho e refogue por mais 5 minutos, até a cebola murchar. Coloque todos os ingredientes e o cordeiro em uma assadeira untada e cubra com papel-alumínio. Leve ao forno e asse por 2 horas ou até que a carne fique tenra, soltando do osso.

3 Trinta e cinco minutos antes de servir, faça o purê. Coloque as lentilhas, a cebola, o alho e o alecrim em uma panela com água suficiente para cobrir os ingredientes e deixe ferver em fogo médio-alto. Abaixe o fogo e cozinhe com a panela tampada por 30 minutos, até as lentilhas ficarem macias. Retire do fogo e deixe esfriar um pouco. Descarte os ramos de alecrim e passe a mistura no processador ou liquificador. Acrescente o suco de limão e tempere com sal e pimenta até ficar homogêneo. Divida as canelas de cordeiro e o purê em quatro porções iguais. Regue o purê e a carne com o caldo do cozimento do cordeiro, polvilhe com alecrim e sirva.

Valor nutricional por porção: Calorias 521 kcal **Proteínas** 64,6 g **Carboidratos** 29 g **Gorduras** 32,9 g

S L
D

filé à puttanesca com couve--de-bruxelas ao parmesão

RENDIMENTO: 4 porções
TEMPO DE PREPARO: 15 minutos
TEMPO DE COZIMENTO: 50 minutos

Sem os tradicionais molhos à base de manteiga e creme de leite, pratos com pouca gordura podem ficar secos como uma sola de sapato. Uma maneira de contornar isso é adicionar um molho matador à base de vegetais, como o à moda puttanesca. Ele é sempre servido com massa, mas fica fantástico também na carne e no frango, no peixe e na pizza.

um fio de azeite
35 g de aliche em conserva
4 dentes de alho em fatias finas
1 xícara (chá) de azeitona verde sem caroço e fatiada
1 colher (sopa) de alcaparra, lavada e escorrida
2 colheres (sopa) de orégano
1⅔ xícara (chá) de tomate pelado picado (400 g)
uma pitada de adoçante natural à base de stevia ou xilitol
¾ de xícara (chá) de caldo de carne com baixo teor de sódio (200 ml)
4 bifes de contra-filé, cada um com cerca de 100 g
um cálice de vinho branco
sal e pimenta-do-reino moída na hora

PARA A COUVE-DE-BRUXELAS:
300 g de couve-de-bruxelas
2 colheres (sopa) de parmesão ralado na hora

1 Unte uma frigideira com azeite e aqueça em fogo médio-alto. Seque o aliche em papel-toalha e leve-o à frigideira, em seguida adicione o alho, as azeitonas, as alcaparras e o orégano. Refogue, mexendo por 5 minutos e acrescentando 1 colher (sopa) de água para evitar que grude no fundo da frigideira, se necessário. Acrescente os demais ingredientes, exceto os bifes e o vinho, e deixe levantar fervura. Abaixe o fogo e cozinhe com a frigideira tampada por 35 minutos. Retire a tampa e deixe por mais 10 minutos em fogo baixo, até que o molho reduza e encorpe.

2 Quinze minutos antes do fim do tempo de cozimento, prepare as couves--de-bruxelas. Ferva água em uma panela grande e acrescente as couves-de--bruxelas. Deixe a fervura retomar, abaixe o fogo e cozinhe por 5-10 minutos, até ficarem macias. Escorra bem.

3 Enquanto isso, unte uma frigideira grande com azeite e aqueça em fogo médio-alto. Tempere os bifes com sal e pimenta e leve-os à frigideira com o vinho. Cozinhe os bifes por 3-4 minutos de cada lado até chegarem ao ponto de sua preferência. Divida os bifes, o molho e as couves-de-bruxelas em quatro porções iguais. Salpique o parmesão sobre elas e sirva.

Valor nutricional por porção: Calorias 389,4 kcal **Proteínas** 63,1 g **Carboidratos** 6,9 g **Gorduras** 17,4 g

L A

bolinho de salmão ao molho de salsa e ervilha com hortelã

RENDIMENTO: 4 porções
TEMPO DE PREPARO: 10 minutos
TEMPO DE COZIMENTO: 50 minutos

400 g de batata-doce em cubos
um fio de azeite
450 g de filé de salmão sem espinhas e sem pele
1 cebola picada
1 folha de louro
2⅓ xícaras (chá) de leite desnatado ou de soja (570 ml)
2 cebolinhas bem picadas
2 colheres (chá) de endro picado
2 colheres (chá) de salsinha picada
2 colheres (chá) de estragão picado
1¼ xícaras (chá) de migalhas de pão integral fresco (100 g)
sal e pimenta-do-reino moída na hora

PARA O MOLHO:
¾ de xícara (chá) de cream cheese light (170 g)
2 colheres (sopa) de salsinha picada
30 g de agrião
suco e raspas de ½ limão-siciliano

PARA AS ERVILHAS:
750 g de ervilha fresca ou congelada
½ xícara (chá) de hortelã picada

1 Ferva as batatas-doces em uma panela grande com água suficiente para cobri--las em fogo médio-alto. Abaixe o fogo e cozinhe por 20 minutos. Escorra bem e transfira para uma vasilha grande. Tempere com sal e pimenta, amasse até ficar um purê homogêneo e reserve.

2 Enquanto isso, unte uma panela grande com azeite e aqueça em fogo médio. Adicione o salmão, a cebola, o louro e o leite e tempere com sal e pimenta. Deixe cozinhar em fogo brando sem ferver e escalde por 10 minutos, até o salmão ficar opaco e bem cozido. Retire a frigideira do fogo. Usando uma espátula, retire o salmão da frigideira e deixe esfriar um pouco.

3 Desmanche o salmão nas batatas amassadas. Misture bem a cebolinha e as ervas. Com as mãos, divida a mistura em oito porções iguais e formate cada uma como um bolinho.

4 Polvilhe as migalhas em um prato e pressione os bolinhos sobre elas, certificando-se de que ficaram bem empanados. Transfira os bolinhos para um prato, cubra e deixe esfriar na geladeira por 15-20 minutos.

5 Enquanto isso, faça o molho. Coloque todos os ingredientes do molho no processador e bata só um pouco para não virar um purê homogêneo. Transfira para uma vasilha e tampe, levando para esfriar na geladeira até a hora de usar. Coloque as ervilhas em uma panela e cubra com água. Deixe ferver em fogo médio-alto, abaixe o fogo e cozinhe por 5 minutos, até ficarem macias. Escorra bem e volte para a panela. Misture a hortelã, tampe e mantenha aquecido.

6 Unte uma frigideira antiaderente com azeite. Trabalhe em porções, fritando os bolinhos de peixe em fogo médio por 4-6 minutos de cada lado até dourar. Divida os bolinhos, as ervilhas e o molho em quatro porções iguais e sirva.

Valor nutricional por porção: Calorias 499 kcal **Proteínas** 57,9 g **Carboidratos** 68,2 g **Gorduras** 15,3 g

S L D A

pescada com salsa e purê de cenoura

RENDIMENTO: 4 porções
TEMPO DE PREPARO: 20 minutos
TEMPO DE COZIMENTO: 30 minutos

Salsa é um molho ótimo, que realmente levanta qualquer peixe branco ou frango simples. É feito com uma boa dose de azeite (gordura saudável, mas suas coxas não sabem disso), então não coloque um monte como se não houvesse amanhã. Um pouquinho já é o bastante para transformar totalmente um prato.

um fio de azeite
4 filés de pescada, cada um com cerca de 120 g
sal e pimenta-do-reino moída na hora

PARA A SALSA:
½ xícara (chá) de azeite (115 ml)
25 g de folhas de salsinha
½ xícara (chá) de hortelã
folhas de 1 ramo de orégano fresco
30 g de espinafre
20 g de alcaparra lavada e escorrida
2 colheres (chá) de mostarda de Dijon
suco de ½ limão-siciliano

PARA O PURÊ:
1 cebola pequena, muito bem picada
uma pitada de gengibre ralado
300 g de cenoura picada
1 colher (sopa) de cream cheese light
gotas de limão-siciliano

1 Para fazer a salsa, coloque o azeite no liquidificador ou em um miniprocessador. Com o aparelho ligado, acrescente as ervas e o espinafre aos poucos e bata por 1 minuto. Acrescente as alcaparras e a mostarda e continue batendo até formar uma pasta grossa. Transfira para uma vasilha e misture o suco de limão. Tempere com sal e pimenta, tampe e reserve.

2 Para fazer o purê, unte uma frigideira antiaderente com azeite e aqueça em fogo médio-alto. Acrescente a cebola e o gengibre e refogue por 5 minutos. Adicione as cenouras e 3 colheres (sopa) de água, então abaixe o fogo e cozinhe com a frigideira tampada por 15 minutos, até as cenouras ficarem macias. Escorra os legumes e deixe esfriar um pouco, então passe pelo processador, liquidificador ou mixer até ficar homogêneo. Misture o cream cheese e as gotas de limão e tempere com sal e pimenta. Tampe e mantenha aquecido.

3 Unte uma frigideira antiaderente grande com azeite e aqueça em fogo médio. Acrescente a pescada e cozinhe por 4-5 minutos de cada lado, até ficar opaco e bem cozido, acrescentando 1 colher (sopa) de água para impedir que o peixe grude no fundo da frigideira, se necessário. Tempere com sal e pimenta. Divida o peixe e o purê em quatro porções iguais. Coloque por cima de cada porção 1 colher (sopa) de salsa e sirva.

Valor nutricional por porção: Calorias 372,2 kcal **Proteínas** 23,1 g **Carboidratos** 89 g **Gorduras** 28,6 g

S L D A

camarão à moda de Kerala

RENDIMENTO: 4 porções
TEMPO DE PREPARO: 15 minutos
TEMPO DE COZIMENTO: 20 minutos

Os curries do sul da Índia são melhores (nutricionalmente) do que os do norte porque têm como base o leite de coco, que contém gorduras saudáveis, ao contrário da manteiga clarificada (ghee), que é pura gordura saturada. Esse prato é ainda melhor pois usa leite de coco light.

1 maço de couve-flor em ramos
1 colher (sopa) de castanha-de-caju
3 pimentas vermelhas, 2 sem sementes e picadas e 1 sem sementes e muito bem picada
raspas finas e suco de 1 limão, mais 2 limões-sicilianos em fatias finas, para servir
dois punhados de coentro picado
1 cebola roxa bem picada
5 cm de gengibre descascado e ralado
2 colheres (chá) de óleo de coco ou azeite
2 colheres (chá) de semente de mostarda escura
1 colher (chá) de semente de feno-grego
20 folhas secas de curry
1 colher (chá) de cúrcuma
1 colher (chá) de grãos de pimenta-do--reino amassados
1¾ xícara (chá) de leite de coco light (300 ml)
500 g de camarão grande cozido

1 Passe a couve-flor no processador de alimentos e pulse até parecer com grãos de arroz. Transfira para uma panela a vapor ou para um escorredor sobre uma panela com cerca de 5 cm de água e deixe levantar fervura. Tampe e cozinhe no vapor por 2 minutos, até aquecer bem. Transfira para uma vasilha e misture as castanhas-de-caju, a pimenta bem picada, metade das raspas e do suco de limão e um punhado de coentro. Cubra com papel-alumínio e mantenha aquecido.

2 Coloque a pimenta que sobrou, a cebola roxa, o gengibre e 6 colheres (sopa) de água no processador ou no liquidificador e bata até formar uma pasta uniforme. Aqueça o óleo de coco ou o azeite em uma panela antiaderente em fogo médio. Adicione as sementes de mostarda e de feno-grego e as folhas de curry e refogue por 2 minutos, abaixe o fogo e acrescente a pasta de pimenta. Cozinhe por 5 minutos, até engrossar, colocando 1 colher (sopa) de água para evitar que a mistura grude no fundo da panela, se necessário.

3 Misture a cúrcuma e os grãos de pimenta, o leite de coco e deixe cozinhar em fogo brando, mexendo sempre. Acrescente os camarões e cozinhe por 1-2 minutos, até aquecer, então ponha o suco de limão e o coentro restantes. Divida o curry e o arroz de couve-flor em quatro porções iguais. Polvilhe com as raspas de limão restantes e sirva com as rodelas de limão-siciliano.

Valor nutricional por porção: Calorias 250 kcal **Proteínas** 26 g **Carboidratos** 10,5 g **Gorduras** 8,6 g

L D A

ensopado de frutos do mar e erva-doce e purê de abobrinha

RENDIMENTO: 4 porções
TEMPO DE PREPARO: 25 minutos
TEMPO DE COZIMENTO: 35 minutos

50 g de mexilhão nas conchas
um fio de azeite
1 bulbo de erva-doce finamente picado, assim como as folhas
2 alhos-porós bem picados
2 dentes de alho amassados
½ colher (chá) de páprica
2 colheres (sopa) de licor de anis ou outra bebida aromática
1 xícara (chá) de vinho branco (200 ml)
¼ de colher (chá) de açafrão
¼ de colher (chá) de folhas de tomilho picadas
400 g de filé de peixe branco sem espinhas como pescada ou hoki cortado em cubos
200 g de camarão grande, sem casca e eviscerado
200 g de polvo eviscerado

PARA O PURÊ:
½ cebola bem picada
400 g de abobrinha em fatias finas
¼ de xícara (chá) de cream cheese light (60 g)
gotas de limão-siciliano
sal e pimenta-do-reino moída na hora

1 Limpe os mexilhões retirando as fibras e lave-os em uma vasilha sob água fria corrente, escovando para retirar todos os resíduos. Descarte todos que flutuarem ou que estiverem abertos e não fecharem ao toque.

2 Unte uma panela grande antiaderente com azeite e aqueça em fogo médio. Acrescente o bulbo de erva-doce, os alhos-porós e o alho e refogue por 1 minuto. Polvilhe com a páprica e cozinhe por mais 8 minutos, acrescentando 1 colher (sopa) de água para evitar que grude no fundo da panela, se necessário. Despeje a bebida e o vinho e deixe levantar fervura em fogo médio-alto. Cozinhe por 5 minutos, até o vinho se reduzir a um terço.

3 Adicione os mexilhões e cozinhe, com a panela tampada, por 5 minutos, até que todos estejam abertos. Despreze os que não abrirem. Transfira-os para uma vasilha com uma escumadeira, cubra com papel-alumínio e mantenha-os aquecidos.

4 Misture o açafrão e o tomilho no ensopado e cozinhe por 2 minutos. Adicione o peixe, os camarões e os polvos e mantenha em fogo baixo, com a panela tampada, por mais 10 minutos, até o peixe ficar opaco, os camarões, cor-de-rosa, e os polvos, bem cozidos.

5 Enquanto isso, faça o purê. Unte uma panela antiaderente com azeite e aqueça em fogo médio-alto. Refogue a cebola por 5 minutos, acrescente as abobrinhas e meia xícara (chá) de água (100 ml). Deixe ferver, abaixe o fogo e cozinhe por 10 minutos, até as abobrinhas ficarem macias. Escorra e deixe esfriar um pouco, então passe pelo processador, mixer ou liquidificador até ficar uniforme. Adicione o cream cheese e as gotas de limão e tempere com sal e pimenta.

6 Volte os mexilhões para o ensopado. Divida-o e também o purê em quatro porções iguais. Polvilhe com as folhas de erva-doce picadinhas e sirva.

Valor nutricional por porção: Calorias 411 kcal **Proteínas** 47,5 g **Carboidratos** 9,3 g **Gorduras** 9,4 g

S D A

canelone de espinafre e queijo

RENDIMENTO: 4 porções
TEMPO DE PREPARO: 25 minutos
TEMPO DE COZIMENTO: 1h30

¼ de xícara (chá) de farinha de soja (25 g)
uma pitada de sal
¼ de xícara (chá) de amêndoa moída (25 g)
3 ovos batidos
¼ de xícara (chá) de leite desnatado ou de soja (50 ml)
um fio de azeite
400 g de espinafre descongelado
⅓ de xícara (chá) de ricota light (100 g)
⅓ de xícara (chá) de cream cheese light (100 g)
uma pitada de noz-moscada moída na hora
2 colheres (sopa) de parmesão ralado fino na hora, para polvilhar
abobrinhas grelhadas, para servir

PARA O MOLHO DE TOMATE:
1 dente de alho picado
¼ de cenoura ralada
3 colheres (sopa) de salsinha bem picada, reservando 1 colher (sopa), para servir
¼ de talo de aipo picado
1 xícara (chá) de tomates pelados em lata picados (200 g)
1 xícara (chá) de folhas de manjericão

1 Peneire a farinha e o sal em uma vasilha e misture as amêndoas moídas. Acrescente os ovos e o leite e bata tudo até virar uma massa lisa.

2 Unte uma frigideira antiaderente com azeite e aqueça bem em fogo médio-alto. Dividindo em porções, coloque 3 colheres (sopa) da massa na frigideira para fazer uma panqueca, revolvendo a frigideira para que a massa cubra o fundo por igual. Cozinhe por 1-2 minutos de cada lado, até dourar. Coloque em um prato e repita o procedimento com a massa restante, que deve render 8 panquecas, untando novamente a frigideira a cada nova panqueca. Cubra a pilha de panquecas com papel-alumínio para mantê-las aquecidas.

3 Para fazer o molho de tomate, unte uma panela com azeite. Aqueça em fogo médio-alto e refogue o alho por 1 minuto. Acrescente a cenoura, a salsinha e o aipo e refogue por mais 3 minutos, acrescentando 1 colher (sopa) de água para evitar que grude no fundo, se necessário. Acrescente os tomates picados, o manjericão e um terço de xícara (chá) de água (100 ml) e deixe ferver, então abaixe o fogo e cozinhe com a panela tampada por 10 minutos. Retire a tampa e cozinhe por mais 10 minutos, até o molho reduzir e encorpar. Tire a panela do fogo e reserve.

4 Preaqueça o forno a 190°C e unte uma fôrma com azeite. Com as mãos, esprema o máximo possível o espinafre para tirar toda a água e pique bem. Coloque a ricota, o cream cheese e a noz-moscada em uma vasilha e misture.

5 Coloque um oitavo da mistura de ricota e espinafre com a colher perto da borda da panqueca e enrole cuidadosamente. Repita o procedimento com as demais. Disponha as panquecas na fôrma com o azeite e o molho de tomate por cima e polvilhe com 1 colher (sopa) de parmesão. Leve ao forno por 20-30 minutos ou até dourar e borbulhar. Polvilhe com o restante do queijo e da salsinha por cima e divida em quatro porções iguais. Sirva com as abobrinhas grelhadas.

Valor nutricional por porção: Calorias 264 kcal **Proteínas** 16,7 g **Carboidratos** 12,9 g **Gorduras** 10,4 g

torta de figo e feta

RENDIMENTO: 4 porções
TEMPO DE PREPARO: 10 minutos
TEMPO DE COZIMENTO: 40 minutos

Essa torta tem uma base de massa de cenoura esperta – não é tão crocante quanto uma massa normal, mas tem uma cor bonita e seu gosto levemente adocicado é especialmente bom com a cobertura de queijo feta salgado. Os vegetarianos podem pular o presunto cru.

um fio de azeite
4 fatias de presunto cru, sem a capa de gordura (opcional)
50 g de feta esfarelado ou outro queijo de ovelha
4 figos cortados ao meio
1 colher (chá) de tomilho bem picado, mais alguns ramos, para decorar
sal e pimenta-do-reino moída na hora
brócolis no vapor, para acompanhar
alho-poró no vapor, para acompanhar

PARA A MASSA:
½ xícara (chá) de cenoura ralada (75 g)
2 colheres (sopa) de farinha de grão-de-bico peneirada
½ xícara (chá) de parmesão ralado na hora (50 g)
uma pitada de páprica
4 ovos batidos

1 Preaqueça o forno a 200°C e unte uma fôrma de torta de fundo removível de 20 cm com azeite. Para fazer a massa, coloque a cenoura, a farinha, o parmesão e a páprica em uma vasilha e tempere com sal e pimenta. Adicione os ovos e misture totalmente até que comece a formar uma massa. Pressione a massa no fundo da fôrma (não dos lados) e pré-asse por 20 minutos, até ficar crocante nas bordas.

2 Retire a fôrma do forno e pincele azeite na parte superior da massa. Arrume o presunto, o feta e os figos sobre a massa. Tempere com tomilho, sal e pimenta. Leve ao forno por 20 minutos, até o queijo derreter e o presunto ficar crocante. Decore com os ramos de tomilho e corte em quatro fatias iguais. Sirva com o brócolis e o alho-poró no vapor.

Valor nutricional por porção: Calorias 307 kcal **Proteínas** 22 g **Carboidratos** 14 g **Gorduras** 14,3 g

"A massa de torta normal é um pesadelo de gordura e farinha, mas essa base é feita de cenoura ralada, farinha de grão-de-bico e ovos."

S L D A

< sorbet de coco

RENDIMENTO: 4 porções
TEMPO DE PREPARO: 15 minutos, mais o tempo para esfriar e 3 horas no freezer
TEMPO DE COZIMENTO: 5 minutos

⅔ de xícara (chá) de adoçante natural à base de stevia ou xilitol (120 g)
⅓ de xícara (chá) de leite de coco (80 ml)
gotas de limão-siciliano, mais 1 colher (sopa) de raspas, para polvilhar
⅓ de xícara (chá) de coco ralado (35 g)

1 Coloque o adoçante e dois terços de xícara (chá) de água (150 ml) em uma panela. Aqueça em fogo baixo e mexa até que o adoçante esteja dissolvido e fique em ponto de calda. Retire do fogo e misture o leite de coco, as gotas de limão e três quartos do coco ralado. Deixe esfriar completamente. Toste o restante do coco em fogo médio-alto, mexendo sempre. Reserve.

2 Transfira a mistura para um recipiente próprio e leve ao freezer, tampado, por 1 hora. Então passe pelo processador ou pelo liquidificador para quebrar os cristais de gelo. Volte ao recipiente anterior e ao freezer, tampado, por 2 horas, até congelar totalmente. Retire do freezer e deixe amolecer de leve por 5 minutos em temperatura ambiente. Divida em quatro porções iguais, polvilhe com as raspas de limão e o coco ralado tostado e sirva.

Valor nutricional por porção: Calorias 72 kcal **Proteínas** 19,6 g **Carboidratos** 6,2 g **Gorduras** 27 g

S L D A

granita de framboesa

RENDIMENTO: 4 porções
TEMPO DE PREPARO: 15 minutos, mais 3 horas de freezer e 20 minutos descansando
TEMPO DE COZIMENTO: 5 minutos

⅓ de xícara (chá) de adoçante natural à base de stevia ou xilitol (60 g)
350 g de framboesa
folhas de hortelã, para decorar

1 Coloque um garfo e um recipiente no freezer. Em uma panela, ponha o adoçante natural e 1 xícara (chá) de água (250 ml). Aqueça em fogo baixo, mexendo sempre, até ficar em ponto de calda. Retire do fogo e deixe esfriar. Passe as framboesas pelo processador ou liquidificador e bata grosseiramente. Usando a colher, passe esse purê por uma peneira. Despreze as sementes. Volte a mistura de framboesas para o liquidificador, acrescente a calda e bata até ficar homogêneo.

2 Volte a mistura ao recipiente congelado. Leve ao freezer, sem tampa, por 30 minutos, até formar cristais de gelo. Raspe a granita com o garfo congelado para quebrar os pedaços maiores e volte ao freezer. Raspe a cada 30 minutos, até congelar totalmente, o que leva cerca de 3 horas. Retire do freezer e deixe amolecer levemente por cerca de 20 minutos em temperatura ambiente. Divida em quatro porções iguais, decore com as folhas de hortelã e sirva.

Valor nutricional por porção: Calorias 23 kcal **Proteínas** 4,9 g **Carboidratos** 16 g **Gorduras** 1,4 g

gelatina de champanhe >

RENDIMENTO: 4 porções
TEMPO DE PREPARO: 10 minutos
TEMPO DE COZIMENTO: 10 minutos, mais o tempo para resfriar e pelo menos 5 horas de geladeira

- 4 colheres (sopa) de adoçante natural à base de stevia ou xilitol
- 1½ xícara (chá) de espumante ou champanhe rosé (350 ml)
- 6 folhas de gelatina
- 100 g de groselha sem os ramos ou outra fruta macia como amora ou framboesa
- 1 folha de ouro comestível (opcional)

1 Coloque o adoçante natural e um terço de xícara (chá) de água quente (100 ml) em uma panela. Aqueça em fogo baixo e misture até ficar em ponto de calda. Ponha o champanhe em uma vasilha, acrescente a gelatina e deixe de molho por 5 minutos. Esprema a gelatina para recuperar o máximo possível de champanhe. Coloque a gelatina na calda, mexendo até dissolver, então adicione a mistura no champanhe e mexa até incorporar. Deixe esfriar totalmente. Cubra com filme de PVC e deixe esfriar na geladeira por pelo menos 1 hora, até endurecer um pouco.

2 Acrescente as groselhas e coloque a mistura em quatro copos. Cubra com filme de PVC e deixe esfriar na geladeira por 4-6 horas, até endurecer totalmente. Decore com pedaços de folha de ouro, se quiser, e sirva imediatamente.

Valor nutricional por porção: Calorias 81 kcal **Proteínas** 11 g **Carboidratos** 5,6 g **Gorduras** 0 g

salada de frutas japonesa

RENDIMENTO: 4 porções
TEMPO DE PREPARO: 15 minutos, mais o tempo de esfriar e 40 minutos na geladeira

- 1 saquinho de chá-verde
- suco de 1 limão
- 2 colheres (sopa) de calda de agave
- 2 colheres (sopa) de mirin ou xerez seco
- 2 kiwis descascados e fatiados
- ¼ de melão gália descascado e picado
- 200 g de lichia fresca descascada e sem sementes
- 2 carambolas em fatias
- 120 g de uva verde sem caroço picada

1 Para fazer a calda, coloque o saquinho de chá e ½ xícara (chá) de água fervente (140 ml) em uma vasilha refratária e deixe em infusão por 5 minutos. Retire o saquinho e descarte. Deixe esfriar totalmente, tampe e leve à geladeira por 30 minutos.

2 Misture o suco de limão, a calda de agave e o mirin e deixe gelar por mais 10 minutos. Divida igualmente as frutas em quatro copos. Regue cada porção com um quarto da calda e sirva.

Valor nutricional por porção: Calorias 86,2 kcal **Proteínas** 1,3 g **Carboidratos** 21,4 g **Gorduras** 0 g

L D A

flor de figo com água de flor de laranjeira

RENDIMENTO: 4 porções
TEMPO DE PREPARO: 10 minutos

- 2 colheres (sopa) de água de flor de laranjeira
- 2 colheres (sopa) de calda de agave
- 8 figos
- 2 colheres (sopa) de pistache torrado salgado, descascado e picado

1. Coloque a água de flor de laranjeira e a calda de agave em uma vasilha pequena e bata rapidamente até incorporar.
2. Com uma faca afiada, corte uma cruz em cima de cada figo e aperte as bases para que abram como pétalas de uma flor. Divida os figos em quatro porções iguais. Polvilhe com os pistaches, regue com a calda de flor de laranjeira e sirva.

Valor nutricional por porção: Calorias 127 kcal **Proteínas** 3,3 g **Carboidratos** 103,2 g **Gorduras** 0 g

S L D A

marmelo grego

RENDIMENTO: 4 porções
TEMPO DE PREPARO: 5 minutos, mais 10 minutos de molho
TEMPO DE COZIMENTO: 2 horas

- 1 colher (sopa) de uva-passa
- 2 colheres (sopa) de conhaque
- 1 colher (sopa) de nozes picadas
- ½ colher (chá) de canela em pó
- ⅓ de xícara (chá) de calda de agave (100 ml)
- 20 g de manteiga em temperatura ambiente
- 2 marmelos ou peras
- 4 colheres (sopa) de iogurte natural desnatado, para acompanhar

1. Preaqueça o forno a 180°C. Deixe as passas de molho no conhaque por 10 minutos, até amolecerem.
2. Coloque as nozes, a canela, a calda de agave, a manteiga e as passas e o conhaque em uma vasilha e mexa bem. Corte os marmelos ao meio, tire os caroços e arrume em uma fôrma, com a parte oca para cima. Coloque um quarto da mistura de nozes em cada metade de marmelo, enchendo bem as cavidades com uma colher de metal.
3. Coloque 1 xícara (chá) de água (250 ml) na fôrma, cubra com papel-alumínio e leve ao forno por 2 horas, até que os marmelos estejam macios mas mantenham a forma. Se necessário, acrescente água ao prato de vez em quando para evitar que as frutas sequem. (Quase toda a água deve ter evaporado ao final do cozimento.) Retire do forno e divida em quatro porções iguais, reservando a calda que sobrar na fôrma. Sirva com o iogurte por cima e regue com a calda.

Valor nutricional por porção: Calorias 232 kcal **Proteínas** 2,5 g **Carboidratos** 26,8 g **Gorduras** 6,3 g

cheesecake de mocha

RENDIMENTO: 8 porções
TEMPO DE PREPARO: 15 minutos
TEMPO DE COZIMENTO: 35 minutos

Cheesecake parece um pecado, mas esse é de queijo cottage – eu sei, mas me dê uma chance! Queijo cottage é cheio de proteínas que equilibram os hormônios do Fator S, e a base de aveia oferece um contraste salgadinho ao recheio doce de café.

- 140 g de biscoito de aveia
- 2 colheres (sopa) de nozes picadas
- 25 g de manteiga em temperatura ambiente
- $1\frac{1}{4}$ xícara (chá) de queijo cottage light (300 g)
- $\frac{1}{3}$ de xícara (chá) de adoçante natural à base de stevia ou xilitol (60 g)
- $\frac{1}{3}$ de xícara (chá) de iogurte grego light (80 g), mais 4 colheres (sopa), para acompanhar
- 4 colheres (chá) de maisena
- 100 g de chocolate com 70% de cacau com sabor de café em pedacinhos
- 2-3 gotas de extrato de baunilha

1. Coloque os biscoitos de aveia em um saco plástico limpo e triture com um rolo. Passe para uma vasilha, acrescente as nozes e a manteiga e misture bem com uma colher de pau para formar uma massa com os farelos. Pressione a massa em uma fôrma de torta de fundo removível de 20 cm. Cubra e leve à geladeira por 20 minutos.
2. Enquanto isso, preaqueça o forno a 180°C. Ponha o queijo cottage, o adoçante natural, o iogurte e a maisena em uma vasilha e misture bem. Coloque o chocolate em banho-maria em fogo baixo ou derreta-o em uma vasilha de vidro no micro-ondas em ciclos de 10 segundos – com muito cuidado para não queimar. Deixe esfriar um pouco.
3. Incorpore o chocolate derretido na mistura de queijo cottage até ficar bem homogêneo. Coloque a mistura às colheradas na fôrma de torta e afofe a parte de cima com uma colher de metal. Leve ao forno por 20-30 minutos ou até que a cobertura do cheesecake comece a rachar.
4. Misture o extrato de baunilha e 4 colheres de iogurte em uma vasilha pequena. Corte o cheesecake em oito fatias iguais, regue cada uma com o iogurte de baunilha e sirva quente.

Valor nutricional por porção: Calorias 205 kcal **Proteínas** 15 g **Carboidratos** 13,8 g **Gorduras** 12,5 g

S L A

crumble de maçã e mirtilo com sorvete de baunilha e tofu

RENDIMENTO: 6 porções
TEMPO DE PREPARO: 30 minutos, mais pelo menos 1 hora de infusão e pelo menos 1 hora de freezer
TEMPO DE COZIMENTO: 30 minutos

Nem venha com essa de "Tofu, eca!". Usar tofu detona a gordura do sorvete. E nem dá para sentir o gosto dele, só o sabor delicioso da baunilha natural. Esse é um sorvete do tipo sorbet, então não deixe congelar demais.

PARA O SORVETE:

1 xícara (chá) de leite desnatado ou de soja (250 ml)
½ xícara (chá) de adoçante natural à base de stevia ou xilitol (100 g)
1 fava de baunilha aberta no sentido do comprimento
300 g de tofu macio

PARA O CRUMBLE:

3 maçãs
2 colheres (sopa) de calda de agave
1⅔ xícara (chá) de mirtilo fresco (250 g)
1 xícara (chá) de flocos de aveia (100 g)
2 colheres (sopa) de adoçante natural à base de stevia ou xilitol
uma pitada de canela em pó
25 g de manteiga gelada em cubos

1 Para fazer o sorvete, aqueça o leite, o adoçante natural e a fava de baunilha em fogo baixo por 3 minutos, até dissolver o adoçante. Retire a panela do fogo e deixe descansar por pelo menos 1 hora para permitir que o sabor da baunilha impregne o leite.

2 Passe a mistura pelo processador ou liquidificador, descartando a fava de baunilha. Acrescente o tofu e processe até ficar homogêneo. Despeje a mistura em uma sorveteira e siga as instruções do fabricante. Se não tiver, transfira para uma vasilha própria para freezer, tampe e leve ao freezer por 1-2 horas, até ficar totalmente congelado.

3 Enquanto isso, prepare o crumble (tipo de farofa). Preaqueça o forno a 200°C. Descasque as maçãs, tire a parte central e pique em cubinhos. Cozinhe-as com a calda de agave em fogo médio-baixo por 5 minutos, até amolecerem. Retire a panela do fogo e misture os mirtilos cuidadosamente. Coloque essa mistura em uma fôrma.

4 Passe os flocos de aveia pelo processador até ficarem parecendo migalhas de pão. Transfira para uma vasilha, acrescente o adoçante natural e a canela e incorpore a manteiga com a ponta dos dedos. Distribua a farofa sobre as frutas e leve ao forno por 15-20 minutos, até dourar. Divida o crumble em seis porções iguais. Sirva quente com uma bola de sorvete.

Valor nutricional por porção: Calorias 184 kcal **Proteínas** 6,2 g **Carboidratos** 24 g **Gorduras** 5,8 g

S O
D A

clafoutis de cereja e amêndoa

RENDIMENTO: 4 porções
TEMPO DE PREPARO: 15 minutos, mais 1 hora de molho
TEMPO DE COZIMENTO: 20 minutos

Clafoutis é um creme francês assado, que faz muito bem para os hormônios do Fator S. Para quem quer equilibrar a dopamina, a receita é rica em proteínas e as amêndoas são uma ótima fonte de tirosina. Nozes também são boas para as adrenais. O açúcar natural das cerejas deve ajudar a aumentar a serotonina também.

150 g de cereja sem caroço
1 colher (chá) de kirsch
25 g de amêndoa quebrada
um fio de azeite
½ xícara (chá) de leite desnatado (125 ml)
2 colheres (sopa) de adoçante natural à base de stevia ou xilitol
25 g de farinha de trigo integral
uma pitada de sal
2 ovos batidos
2-3 gotas de extrato de amêndoa
quatro pitadas grandes de canela em pó, para polvilhar

1 Coloque as cerejas e o kirsch em uma vasilha e deixe de molho por 1 hora. Enquanto isso, aqueça uma frigideira antiaderente em fogo médio-alto. Toste as amêndoas por 2 minutos, mexendo às vezes, até dourarem levemente. Observe com atenção para não queimar. Retire a frigideira do fogo e deixe esfriar.

2 Preaqueça o forno a 200ºC e unte quatro ramequins de 175 ml com azeite. Coloque o leite, o adoçante natural, a farinha, o sal, os ovos e o extrato de amêndoas em uma vasilha. Usando um mixer, bata por 5 minutos, incorporando o máximo de ar possível à massa, até ficar fofa e dobrar de volume. Se usar um batedor manual de claras em vez do mixer elétrico, bata por cerca de 12 minutos.

3 Escorra as cerejas e acrescente à massa o líquido em que elas ficaram de molho. Com uma colher, coloque um quarto das cerejas em cada ramequim e distribua a massa por cima por igual. Leve ao forno por 10-15 minutos, até crescer. Ao inserir um palito no centro, ele deve sair limpo. (Se o clafoutis começar a ficar muito escuro, cubra os ramequins com papel-alumínio e mantenha no forno até ficarem totalmente assados). Polvilhe com as amêndoas tostadas e a canela e sirva morno.

Valor nutricional por porção: Calorias 180 kcal **Proteínas** 5,5 g **Carboidratos** 11 g **Gorduras** 6,2 g

L D A

suflê de maçã

RENDIMENTO: 4 porções
TEMPO DE PREPARO: 15 minutos
TEMPO DE COZIMENTO: 35 minutos

A leve acidez da maçã, os ovos ricos em proteína e a semolina de baixo IG juntos fazem desse suflê uma boa pedida para estabilizar o açúcar no sangue. Normalmente essa sobremesa é feita com muito açúcar, mas aqui usei o adoçante natural para que sua energia e seus hormônios do Fator S se mantenham equilibrados.

- um fio de azeite
- 300 g de maçã picada
- 3 colheres (sopa) de adoçante natural à base de stevia ou xilitol
- 1¼ xícara (chá) de leite desnatado ou de soja (300 ml)
- 3 colheres (sopa) de semolina
- 2 ovos separados
- canela em pó, para polvilhar

1 Preaqueça o forno a 180°C e unte quatro ramequins de 175 ml com azeite. Coloque a maçã, 2 colheres (sopa) do adoçante natural e um quarto de xícara (chá) de água (60 ml) em uma panela. Deixe ferver em fogo médio-alto, abaixe o fogo e cozinhe, com a panela tampada, por 5-10 minutos, até que a maçã amoleça.Retire a panela do fogo e, com uma colher, coloque um quarto da mistura em cada ramequim. Reserve.

2 Coloque o leite em outra panela e aqueça em fogo médio-alto. Antes de chegar ao ponto de fervura, polvilhe com a semolina e o restante do adoçante natural. Cozinhe mexendo sempre, por 2 minutos, até engrossar. Retire a panela do fogo, incorpore uma gema e deixe esfriar um pouco. Descarte a gema que sobrou.

3 Coloque as claras em uma vasilha limpa. Bata as claras em neve até ficarem duras e gentilmente envolva as claras na mistura de semolina, com uma colher de metal. Distribua por igual nos ramequins. Leve ao forno por 20 minutos ou até ficarem bem dourados e altos. Retire do forno, polvilhe cada suflê com canela e sirva imediatamente.

Valor nutricional por porção: Calorias 82 kcal **Proteínas** 5,3 g **Carboidratos** 15,8 g **Gorduras** 2,9 g

S D

picolé de iogurte e amora

RENDIMENTO: 4 porções
TEMPO DE PREPARO: 10 minutos, mais o tempo para esfriar e pelo menos 2 horas de freezer
TEMPO DE COZIMENTO: 5 minutos

A maioria dos sorvetes é um desastre para qualquer dieta, com todo o açúcar e gordura que contém. Esses picolés têm zero de gordura e são ricos em proteína – a matéria-prima para produzir os fantásticos hormônios do Fator S. Eles também têm uma cor linda e uma textura cremosa agradável, então você nunca vai saber que está comendo uma guloseima diet.

- ⅓ de xícara (chá) de adoçante natural à base de stevia ou xilitol (80 g)
- 1¼ xícara (chá) de amora (150 g)
- ½ xícara (chá) de iogurte grego natural light (120 g)
- suco de 1 limão-siciliano

1. Coloque o adoçante natural e 3 colheres (sopa) de água (40 ml) em uma panela. Aqueça mexendo em fogo baixo até que o adoçante se dissolva e a mistura chegue ao ponto de calda. Retire a panela do fogo e deixe esfriar totalmente.

2. Enquanto isso, passe as amoras pelo processador ou liquidificador até obter um purê homogêneo. Com a ajuda de uma colher de metal, passe o purê por uma peneira em uma vasilha limpa. Descarte a polpa e as sementes.

3. Leve o purê de amoras de volta ao liquidificador ou processador e acrescente a calda de adoçante, o iogurte e o suco de limão. Bata até homogeneizar, então distribua a mistura em quatro fôrmas para picolé e leve ao freezer por 2-3 horas. Quando os picolés estiverem totalmente congelados, retire as fôrmas e sirva. Se ficarem grudados, passe rapidamente as fôrmas por água quente e retire em seguida os picolés.

Valor nutricional por porção: Calorias 23 kcal **Proteínas** 2,6 g **Carboidratos** 2,6 g **Gorduras** 0 g

S L

arroz-doce com banana

RENDIMENTO: 6 porções
TEMPO DE PREPARO: 5 minutos
TEMPO DE COZIMENTO: 20 minutos

Arroz-doce é a comfort food número 1, mas basicamente você pode estender a receita tradicional direto para sua barriga ou para suas coxas. Essa versão usa o arroz integral de sushi, rico em fibras, e é aromatizada com bananas. Bananas são uma ótima fonte de magnésio – um relaxante natural perfeito para preparar você para uma boa noite de sono.

- 1½ xícara (chá) de arroz para sushi integral (300 g)
- ½ xícara (chá) de leite desnatado ou de soja (120 ml), mais um pouco se necessário
- 3 colheres (sopa) de calda de agave
- ½ colher (chá) de canela em pó, mais um pouco para polvilhar
- 25 g de manteiga
- 1 banana grande em fatias finas
- 2 colheres (chá) de adoçante natural à base de stevia ou xilitol

1. Coloque o arroz, o leite, a calda de agave e a canela em uma panela e deixe ferver em fogo médio-alto. Abaixe o fogo e cozinhe por 15-20 minutos, até o arroz ficar bem macio, acrescentando um pouco mais de leite se o arroz secar.
2. Cinco minutos antes de servir, derreta a manteiga em uma frigideira antiaderente em fogo médio. Acrescente a banana e frite por 2 minutos, polvilhe com o adoçante natural e deixe mais 2 minutos, até borbulhar. Divida o arroz em seis porções iguais. Coloque a banana caramelizada por cima, polvilhe com a canela e sirva.

Valor nutricional por porção: Calorias 249 kcal **Proteínas** 4,2 g **Carboidratos** 45 g **Gorduras** 1,8 g

S D

musse de iogurte e chocolate

RENDIMENTO: 4 porções
TEMPO DE PREPARO: 10 minutos, mais pelo menos 10 minutos, para gelar
TEMPO DE COZIMENTO: 5 minutos

Musse de chocolate geralmente é a combinação de chocolate e creme de leite que arruína qualquer dieta. A versão do Fator S usa claras e iogurte light, então está cheia de proteínas e tem pouca gordura. Melhor de tudo, tem o delicioso chocolate!

- 150 g de chocolate amargo 70% de cacau cortado em quadradinhos
- 4 claras
- 1 colher (sopa) de adoçante natural à base de stevia ou xilitol
- 2 colheres (sopa) de iogurte natural desnatado
- 1 colher (sopa) de pistache salgado descascado e picado, para polvilhar
- 1 colher (sopa) de amora picada, para servir

1. Derreta o chocolate em banho-maria em fogo baixo ou coloque-o em uma vasilha de vidro no micro-ondas em ciclos de 10 segundos – observe atentamente para não queimar. Deixe esfriar um pouco.
2. Bata as claras em neve. Misture com cuidado ao adoçante natural.
3. Adicione o iogurte ao chocolate derretido e mexa até ficar homogêneo. Com uma colher de metal, junte as claras em neve à mistura de chocolate, uma colher por vez, até incorporar totalmente. Cuidado para não diminuir muito o volume.
4. Divida a musse em quatro taças ou ramequins. Cubra com filme de PVC e leve à geladeira por 10-15 minutos. Polvilhe cada porção com pistaches e amoras e sirva.

Valor nutricional por porção: Calorias 216 kcal **Proteínas** 6,3 g **Carboidratos** 21 g **Gorduras** 11,3 g

D A

cheesecake de limão à moda antiga

RENDIMENTO: 4 porções
TEMPO DE PREPARO: 10 minutos, mais 40 minutos na geladeira
TEMPO DE COZIMENTO: 30 minutos

Esse é o verdadeiro lanche à moda antiga. É lotado de proteínas, graças às pecãs, ao queijo cottage e ao iogurte, então ajuda a equilibrar o açúcar no sangue, o que por sua vez equilibra todos os hormônios do Fator S.

um fio de azeite
12 tâmaras sem caroço picadas
¼ de xícara (chá) de pecã picada (20 g)
⅓ de xícara (chá) de leite desnatado ou de soja (100 ml)
1 colher (chá) de extrato de baunilha
1¼ xícara (chá) de queijo cottage (300 g)
⅓ de xícara (chá) de adoçante natural à base de stevia ou xilitol (60 g)
suco de ½ limão-siciliano
⅓ de xícara (chá) de iogurte natural desnatado (80 g)
4 colheres (chá) de maisena
um punhado de uva-passa branca
canela em pó, para polvilhar
tirinhas de casca de limão-siciliano, para decorar

1. Unte quatro fôrmas sem fundo de 6 cm para a montagem. Coloque essas quatro forminhas em uma fôrma forrada com papel-manteiga. Passe as tâmaras, as pecãs, o leite e o extrato de baunilha em um processador ou liquidificador até formar uma pasta homogênea. Coloque um quarto dessa pasta na fôrma de montagem. Cubra e leve à geladeira por 40 minutos.
2. Preaqueça o forno a 180°C. Lave o processador para utilizá-lo novamente, passando todos os ingredientes restantes, exceto as passas, até ficar homogêneo. Misture as passas e distribua por igual nas fôrmas de montagem. Arrume a superfície de cada cheesecake com a colher e leve ao forno por 30 minutos, até dourar.
3. Retire do forno e deixe esfriar um pouco. Transfira cada fôrma de montagem para um prato e cuidadosamente passe uma faca ao redor da parte interna para soltar os cheesecakes nos pratos. Polvilhe cada porção com canela e decore com as tirinhas de casca de limão. Sirva quente.

Valor nutricional por porção: Calorias 173 kcal **Proteínas** 4 g **Carboidratos** 20,3 g **Gorduras** 1,3 g

L A

cookie de damasco e aveia

RENDIMENTO: 4 porções (8 cookies)
TEMPO DE PREPARO: 15 minutos, mais o tempo para esfriar
TEMPO DE COZIMENTO: 10 minutos

Aveia é ótima para equilibrar a leptina porque é rica em fibras e amido resistente, e os dois ajudam você a se sentir satisfeito – uma sensação que as pessoas que têm problemas com a leptina apresentam dificuldade de conseguir.

- 2 colheres (chá) de manteiga
- ¼ de xícara (chá) de adoçante natural à base de stevia ou xilitol (40 g)
- 1 ovo batido
- 2-3 gotas de extrato de baunilha
- ¼ de xícara (chá) de farinha integral (40 g)
- ¾ de xícara (chá) de mingau de aveia (75 g)
- 25 g de damasco seco bem picado
- ¼ de colher (chá) de fermento em pó
- uma pitada de canela em pó

1 Preaqueça o forno a 180°C e forre uma fôrma com papel-manteiga. Coloque a manteiga e o adoçante natural em uma vasilha e bata até ficar leve e fofo, então acrescente o ovo e o extrato de baunilha e continue batendo. Adicione os ingredientes restantes e bata lentamente com uma colher de pau até incorporar. Cuidado para não bater demais.

2 Divida a mistura em oito porções iguais, então faça uma bolinha com cada uma e coloque sobre a fôrma, deixando um espaço entre elas. Então aperte levemente cada bolinha. Asse por 10 minutos, até dourar.

3 Retire do forno e transfira para uma grade metálica. Deixe esfriar totalmente e sirva.

Valor nutricional por porção: Calorias 152 kcal **Proteínas** 4,8 g **Carboidratos** 23 g **Gorduras** 5,2 g

"Damascos são uma fonte de magnésio relaxante, por isso esses cookies são um ótimo lanche se você comeu demais devido ao estresse."

S A

macaron arco-íris

RENDIMENTO: 12 porções (24 macarons)
TEMPO DE PREPARO: 1 hora, mais 15 minutos de descanso
TEMPO DE COZIMENTO: 30 minutos

Macarons são o lanche noturno perfeito para equilibrar a serotonina – esse minitorrão de açúcar estimula a liberação da insulina, o que ajuda a serotonina a chegar ao cérebro e fazer seu trabalho. As amêndoas moídas também ajudam as adrenais.

3 claras
uma pitada de sal
⅓ de xícara (chá) de açúcar (75 g)
1 colher (chá) de extrato de baunilha
corantes comestíveis rosa, roxo, azul e amarelo
1 xícara (chá) de açúcar de confeiteiro (125 g)
1¼ xícara (chá) de amêndoa moída (125 g)
½ xícara (chá) de cream cheese light (120 g)
2 colheres (chá) de adoçante natural à base de stevia ou xilitol
2-3 gotas de extrato de baunilha

1 Forre duas fôrmas com papel-manteiga. Bata as claras em neve com o sal. Acrescente o açúcar e o extrato de baunilha e continue batendo até ficar firme e brilhante. Divida as claras em quatro vasilhas e coloque 1 gota de corante em cada, produzindo misturas cor-de-rosa, roxa, azul e amarela.

2 Em outra vasilha, misture o açúcar de confeiteiro com as amêndoas moídas. Com uma espátula, incorpore aos poucos um quarto da mistura de amêndoas moídas a cada vasilha de claras, mexendo até que cada uma fique brilhante e firme.

3 Preaqueça o forno a 140°C. Coloque as misturas em um saco para confeitar com o bico simples. Espremendo o saco, faça círculos regulares de 4 cm nas fôrmas com um bom espaço entre eles. Com uma colher de metal, aperte a parte superior de cada círculo. Repita com os preparos restantes até produzir 24 unidades, limpando o saco para confeitar antes de começar uma nova cor. Deixe descansar em temperatura ambiente por 10-15 minutos, até que a parte superior dos macarons fique seca ao toque, então leve ao forno por 30 minutos, até ficar crocante. Retire do forno e deixe esfriar completamente.

4 Enquanto isso, prepare o recheio. Em uma vasilha, bata o cream cheese, o adoçante natural e o extrato de baunilha. Divida a mistura em quatro vasilhas limpas e acrescente uma 1 gota de corante comestível a cada uma para criar recheios cor-de-rosa, roxo, azul e amarelo.

5 Quando os macarons estiverem totalmente frios, espalhe um pouquinho do recheio em um e cubra com outro, formando um sanduíche. Repita com os macarons restantes, dividindo o recheio por igual, e sirva.

Valor nutricional por porção: Calorias 158 kcal **Proteínas** 4 g **Carboidratos** 89 g **Gorduras** 2 g

S L D A

pão de banana, maçã e nozes

RENDIMENTO: 6 porções
TEMPO DE PREPARO: 20 minutos, mais o tempo de esfriar
TEMPO DE COZIMENTO: 35 minutos

Bananas têm super pouco ibope por serem muito doces, mas as verdes são uma usina de amido resistente amigo da leptina. As nozes vão ajudá-lo a equilibrar a dopamina e a serotonina, e também nutrir suas adrenais. E essa delícia é assada!

um fio de azeite
25 g de manteiga
1 maçã descascada, sem miolo e bem picada
6 colheres (sopa) de adoçante natural à base de stevia ou xilitol
⅓ de xícara (chá) de farinha de trigo branca (50 g)
⅓ de xícara (chá) de farinha de trigo integral (50 g)
1¼ colher (chá) de fermento em pó
¼ de colher (chá) de bicarbonato de sódio
uma pitada de canela em pó
1 clara
1 banana verde grande bem picada
2 colheres (sopa) de nozes picadas

1 Preaqueça o forno a 180°C, unte uma fôrma de pão de 450 g com azeite e forre com papel-manteiga.

2 Derreta a manteiga em uma frigideira antiaderente em fogo médio-alto. Acrescente a maçã e cozinhe por 2 minutos, então polvilhe com 1 colher (chá) de adoçante natural e deixe mais 1 minuto, até o adoçante dissolver. Retire do fogo e deixe esfriar um pouco, e amasse com um garfo ou bata com o mixer até ficar uniforme.

3 Peneire as farinhas, o fermento, o bicarbonato de sódio e a canela em uma vasilha grande. Acrescente o restante do adoçante, o purê de maçã e todos os demais ingredientes e bata lentamente com uma colher de pau até incorporar. Cuidado para não mexer demais. Coloque a mistura na fôrma de pão e arrume a superfície com uma faca limpa.

4 Asse por 30 minutos, até que um palito inserido no centro saia limpo. Retire do forno e deixe esfriar por 5 minutos, então transfira para uma grade metálica e deixe esfriar totalmente. Corte em seis fatias e sirva.

Valor nutricional por porção: Calorias 112 kcal **Proteínas** 2,8 g **Carboidratos** 16,7 g **Gorduras** 4,2 g

S L

crocante de pão sírio e pimenta

RENDIMENTO: 6 porções
TEMPO DE PREPARO: 5 minutos
TEMPO DE COZIMENTO: 15 minutos

4 pães sírios integrais, divididos ao meio e cortados em triângulos pequenos
um fio de azeite
4 colheres (chá) de pimenta-malagueta leve em pó

1 Preaqueça o forno a 180°C. Espalhe os triângulos de pão sírio em uma única camada em uma fôrma e regue com um fio de azeite.

2 Salpique 2 colheres (chá) de pimenta em pó. Leve ao forno por 5-10 minutos, então vire, regue novamente com o azeite e salpique o restante da pimenta. Deixe por mais 5 minutos, até ficar crocante. Retire do forno e deixe esfriar um pouco. Divida em seis porções iguais e sirva quente.

Valor nutricional por porção: Calorias 170 kcal **Proteínas** 6 g **Carboidratos** 36,6 g **Gorduras** 9,3 g

S L

crocante à moda indiana

RENDIMENTO: 10 porções
TEMPO DE PREPARO: 10 minutos
TEMPO DE COZIMENTO: 45 minutos

1-2 colheres (sopa) de azeite
1 colher (sopa) de calda de agave
1 colher (chá) de molho inglês
uma pitada de sal
1 colher (sopa) de curry em pó
2 pães sírios integrais cortados em palitos
3 xícaras (chá) de biscoito de arroz integral sem açúcar (100 g)
150 g de pretzel salgado picado
60 g de manga seca picada

1 Preaqueça o forno a 200°C e forre uma fôrma com papel-manteiga. Aqueça o azeite em uma frigideira antiaderente em fogo médio. Acrescente a calda de agave, o molho inglês, o sal, o curry em pó e mexa sempre, por 10 segundos. Retire a frigideira do fogo. Aos poucos, acrescente os palitos de pão, os biscoitos de arroz e os pretzels e misture bem até tudo ficar bem envolvido.

2 Coloque a mistura na fôrma, abaixe o forno para 100°C e asse por 40 minutos, até dourar. Retire do forno e passe para uma vasilha grande. Misture a manga e deixe esfriar totalmente. Divida em dez porções iguais e sirva em temperatura ambiente.

Valor nutricional por porção: Calorias 181 kcal **Proteínas** 4,3 g **Carboidratos** 33 g **Gorduras** 2,8 g

D A

sementes torradas agridoces

RENDIMENTO: 6 porções
TEMPO DE PREPARO: 5 minutos
TEMPO DE COZIMENTO: 45 minutos

4 colheres (sopa) de molho de soja
1 colher (chá) de gengibre moído
4 colheres (chá) de calda de agave
½ xícara (chá) de semente de abóbora (80 g)
⅔ de xícara (chá) de semente de girassol (80 g)

1 Preaqueça o forno a 180°C e forre uma fôrma com papel-manteiga. Misture o molho de soja, o gengibre e a calda de agave em uma pequena vasilha. Coloque as sementes em outra vasilha, regue com o molho de soja e misture bem, para que tudo fique bem envolvido no molho.

2 Espalhe as sementes em uma camada uniforme sobre a fôrma. Asse por 45 minutos, mexendo às vezes, até ficarem crocantes e torradas. Retire do forno e deixe esfriar um pouco. Divida em seis porções iguais e sirva.

Valor nutricional por porção: Calorias 184 kcal **Proteínas** 5,2 g **Carboidratos** 12,6 g **Gorduras** 12,6 g

D A

pecã apimentada

RENDIMENTO: 12 porções
TEMPO DE PREPARO: 5 minutos
TEMPO DE COZIMENTO: 30 minutos

1 colher (sopa) de óleo de canola
1 colher (sopa) de pimenta-malagueta em pó
1 colher (chá) de sal
400 g de pecã cortada ao meio

1 Preaqueça o forno a 180°C e forre uma fôrma com papel-manteiga. Misture o óleo, a pimenta em pó e o sal em uma vasilha. Acrescente as pecãs e misture bem, certificando-se de que fiquem bem envolvidas.

2 Distribua as pecãs em uma camada única na fôrma. Leve ao forno por 20-30 minutos, virando uma vez, até ficarem crocantes. Retire do forno e deixe esfriar completamente. Divida em doze porções iguais e sirva.

Valor nutricional por porção: Calorias 250 kcal **Proteínas** 3 g **Carboidratos** 1,9 g **Gorduras** 27 g

S D

chocolate quente picante

RENDIMENTO: 4 porções
TEMPO DE PREPARO: 10 minutos, mais 10 minutos de infusão
TEMPO DE COZIMENTO: 15 minutos

1 pimenta-malagueta cortada no sentido do comprimento, mas com o talo
2 colheres (chá) de adoçante natural à base de stevia ou xilitol
3 xícaras (chá) de leite desnatado ou de soja (750 ml)
100 g de chocolate amargo com 70% de cacau em quadradinhos
uma pitada de gengibre moído
uma pitada de canela em pó
páprica em pó, para polvilhar

1 Coloque a pimenta, o adoçante natural e o leite em uma panela e leve ao fogo médio-baixo, mexendo às vezes. Retire a panela do fogo e deixe descansar por 10 minutos para permitir que o sabor da pimenta impregne o leite.

2 Enquanto isso, derreta o chocolate em banho-maria em fogo baixo ou coloque-o em uma vasilha de vidro no micro-ondas em ciclos de 10 segundos – prestando atenção para não queimar.

3 Retire a pimenta do leite e descarte. Acrescente o chocolate derretido, o gengibre e a canela à mistura de leite. Leve ao fogo médio-baixo, mexendo até que o chocolate dissolva completamente e a mistura fique homogênea. Divida em quatro xícaras e polvilhe cada uma com a páprica. Sirva quente.

Valor nutricional por porção: Calorias 185 kcal **Proteínas** 7,8 g **Carboidratos** 20,5 g **Gorduras** 8,3 g

D A

bebida quentinha de cevada

RENDIMENTO: 4 porções
TEMPO DE PREPARO: 10 minutos
TEMPO DE COZIMENTO: 35 minutos

1¼ xícara (chá) de cevada (250 g)
3 xícaras (chá) de leite desnatado ou de soja (750 ml)
6 bagas de cardamomos esmagadas
uma pitada de noz-moscada
raspas de ½ laranja, reservando 1 colher (chá), para polvilhar
2 colheres (sopa) de calda de agave

1 Coloque a cevada, o leite, as bagas de cardamomo e a noz-moscada em uma panela e misture com as raspas da laranja. Deixe ferver em fogo médio-baixo, então abaixe o fogo e ferva por 30 minutos, até engrossar.

2 Passe por uma peneira sobre uma vasilha limpa, descartando os sólidos. Acrescente a calda de agave e mexa até dissolver. Divida em quatro xícaras, polvilhe cada uma com as raspas de laranja reservadas e sirva quente.

Valor nutricional por porção: Calorias 132 kcal **Proteínas** 8,3 g **Carboidratos** 10,2 g **Gorduras** 5 g

a dieta vitalícia

Você atingiu sua meta de peso. E agora? A maioria das dietas confunde seus hormônios do Fator S e joga você de volta aos velhos hábitos alimentares. A dieta do Fator S equilibrou seus hormônios, então você não vai ter aquela sensação de fim de dieta do "EU TENHO QUE COMER UM BOLO AGORA".

Para ajudá-lo a manter a perda de peso, a Dieta vitalícia do Fator S segue os mesmos princípios amigos dos hormônios e dá novas ideias (e algumas calorias a mais) para brincar. Siga os planos de refeições de dois dias ou crie seu próprio cardápio selecionando as receitas dos capítulos 2 e 3 com o símbolo de seu hormônio. Sempre se atenha a 1.500-2.500 calorias por dia. Continue o bom trabalho e aproveite!

planos de refeições

Serotonina

DIA 1

Café da manhã Torrada de coco com compota quente de frutas vermelhas (p. 129)

Almoço Sushi de arroz integral (p. 136)

Jantar Pacotinho de atum japonês com verdura abafada (p. 143), Minipavlova de manga e maracujá (p. 144)

Lanche do Fator S Pretzel com calda de chocolate (p. 156)

DIA 2

Café da manhã Waffle com morango e banana (p. 126)

Almoço Latke com arenque defumado e creme de endro (p. 134)

Jantar Tikka masala de frango (p. 139), Minipudim de verão (p. 147)

Lanche do Fator S Brownie de cranberry com muitas proteínas (p. 154)

Leptina

DIA 1

Café da manhã Waffle com morango e banana (p. 126)

Almoço Sushi de arroz integral (p. 136)

Jantar Peixe, fritas e purê de ervilha (p. 142), Torta americana de abóbora (p. 149)

Lanche do Fator S Cupcake de batata-doce e pecã (p. 153)

DIA 2

Café da manhã Torrada de coco com compota quente de frutas vermelhas (p. 129)

Almoço Super viking (p. 135)

Jantar Tikka masala de frango (p. 139), Minipavlova de manga e maracujá (p. 144)

Lanche do Fator S Pretzel com calda de chocolate (p. 156)

Dopamina

DIA 1

Café da manhã Ovo persa assado (p. 130)

Almoço Latke com arenque defumado e creme de endro (p. 134)

Jantar Carne de porco em crosta de ervas com batata assada (p. 140), Torta americana de abóbora (p. 149)

Lanche do Fator S Brownie de cranberry com muitas proteínas (p. 154)

DIA 2

Café da manhã Waffle com morango e banana (p. 126)

Almoço Hambúrguer de peru (p. 133)

Jantar Tikka masala de frango (p. 139), Minipavlova de manga e maracujá (p. 144)

Lanche do Fator S Cookie amanteigado de amêndoa (p. 157)

Adrenais

DIA 1

Café da manhã Ovo persa assado (p. 130)

Almoço Latke com arenque defumado e creme de endro (p. 134)

Jantar Carne de porco em crosta de ervas com batata assada (p. 140), Trufa de chocolate e abacate (p. 150)

Lanche do Fator S Cookie amanteigado de amêndoa (p. 157)

DIA 2

Café da manhã Waffle com morango e banana (p. 126)

Almoço Super viking (p. 135)

Jantar Peixe, fritas e purê de ervilha (p. 142), Minipavlova de manga e maracujá (p. 144)

Lanche do Fator S Cupcake de batata-doce e pecã (p. 153)

waffle com morango e banana

RENDIMENTO: 4 porções
TEMPO DE PREPARO: 15 minutos
TEMPO DE COZIMENTO: 15 minutos

Waffles não têm cara de comida de dieta, mas se você trocar a farinha branca por uma mistura de farinhas de soja e integral e substituir o açúcar por adoçante, na verdade terá um café da manhã saudável.

- 1⅓ xícara (chá) de farinha integral com fermento (50 g)
- ⅓ de xícara (chá) de farinha de soja (50 g)
- 1 colher (chá) de fermento em pó
- ½ colher (chá) de sal
- ⅓ de xícara (chá) de adoçante natural à base de stevia ou xilitol (60 g)
- 2 ovos levemente batidos
- ¾ de xícara (chá) de cream cheese light (175 g)
- ⅓ de xícara (chá) de leite desnatado ou de soja (90 ml)
- um fio de azeite
- 2 bananas em fatias, para acompanhar
- 175 g de morango limpo e cortado ao meio, para acompanhar
- 3 colheres (sopa) de iogurte natural desnatado, para servir
- 1 colher (chá) de calda de agave, para acompanhar
- canela, para polvilhar (opcional)

1 Preaqueça o forno a 100°C. Peneire as farinhas, o fermento e o sal em uma vasilha grande. Misture o adoçante natural. Em outra vasilha, bata os ovos até ficarem aerados, acrescente o queijo e o leite e mexa até incorporar.

2 Faça uma cova no centro das farinhas e acrescente a mistura de ovos. Bata lentamente com uma colher de pau para incorporar as farinhas, criando uma massa firme e macia.

3 Unte uma máquina de waffle com um fio de azeite e preaqueça em temperatura média ou unte uma fôrma de waffle com um fio de azeite e aqueça em fogo médio. Coloque um quarto da massa, tomando cuidado para não encher demais o molde. Deixe por cerca de 3-4 minutos, até dourar. Transfira para uma grade metálica e mantenha quente no forno enquanto você repete o processo com a massa restante, fazendo 4 waffles. Unte a máquina de waffle ou a frigideira com um fio de azeite antes de colocar a massa. Por cima, coloque um quarto das bananas, morangos, iogurte e calda de agave. Polvilhe com canela, se quiser, e sirva.

Valor nutricional por porção: Calorias 230 kcal **Proteínas** 11,4 g **Carboidratos** 21,4 g **Gorduras** 6 g

*"Torrada? Você disse torrada?
Sim, mas com uma diferença."*

S L
D

torrada de coco com compota quente de frutas vermelhas

RENDIMENTO: 4 porções
TEMPO DE PREPARO: 10 minutos
TEMPO DE COZIMENTO: 15 minutos

A dieta do Fator S não impede você de apreciar uma torrada, mas agrega um pouco de proteína ao embeber o pão em ovo. Esse café da manhã não só vai ajudar a equilibrar o açúcar de seu sangue e os hormônios do Fator S, como também vai reduzir aquela vontade louca por açúcar no meio da manhã que acaba com tantas dietas.

200 g de frutas vermelhas
2 ovos batidos
¼ de xícara (chá) de leite desnatado ou de soja (60 ml)
4 fatias de pão de aveia ou integral
50 g de coco ralado
um fio de azeite
4 colheres (sopa) de calda de agave

1 Preaqueça o forno a 100°C. Coloque as frutas vermelhas em uma panela e cozinhe em fogo médio-baixo por 5 minutos, até amolecerem. Retire do fogo e amasse com uma colher. Tampe e mantenha a panela aquecida.

2 Coloque os ovos e o leite em uma vasilha grande e rasa e bata bem. Mergulhe fatias de pão até cobrir totalmente, então salpique o coco por igual de cada lado do pão.

3 Unte uma frigideira antiaderente grande com um fio de azeite e aqueça bem em fogo médio. Trabalhando em porções, frite o pão por 2 minutos de cada lado, até dourar. Mantenha-os aquecidos no forno enquanto repete o processo com as demais fatias de pão, untando novamente a frigideira com um fio de azeite a cada porção. Coloque uma colher da compota de frutas vermelhas sobre cada fatia, regue com a calda de agave e sirva quente.

Valor nutricional por porção: Calorias 490 kcal **Proteínas** 8,1 g **Carboidratos** 29 g **Gorduras** 11,6 g

S D A

ovo persa assado

RENDIMENTO: 4 porções
TEMPO DE PREPARO: 15 minutos
TEMPO DE COZIMENTO: 40 minutos

Pode não parecer um prato de café da manhã, mas receitas assim são comidas pela manhã em todo o Oriente Médio. Realmente exige um pouco de preparação e tempo de forno, então funciona melhor no fim de semana, quando você não tem de sair correndo. Oferece um toque de proteína e bem pouco carboidrato, ideais para o pessoal da dopamina.

um fio de azeite
1 pimentão vermelho sem sementes cortado em fatias finas
1 pimentão verde sem sementes cortado em fatias finas
2 dentes de alho picados
1 pimenta-malagueta sem sementes picada
1⅔ xícara (chá) de tomate pelado em lata picado (400 g)
1 colher (chá) de semente de cominho
1 colher (chá) de harissa
uma pitada de páprica
uma pitada de cominho em pó
4 ovos
1 colher (sopa) de cebolinha picada
4 fatias de pão de centeio torradas, para acompanhar

1 Preaqueça o forno a 180°C e unte uma frigideira antiaderente com um fio de azeite. Refoque os pimentões em fogo médio por 10 minutos, até amolecerem. Adicione o alho e a pimenta e refogue por mais 2 minutos. Acrescente os tomates picados, as sementes de cominho, a harissa e os temperos. Abaixe o fogo e cozinhe por 10 minutos, até engrossar.

2 Coloque um quarto da mistura de tomate em cada um de quatro ramequins quadrados de 9 x 9 cm. Abra uma cova profunda no centro de cada prato e quebre um ovo. Leve ao forno por 15 minutos, até a clara ficar cozida. Polvilhe com a cebolinha e sirva cada porção com uma fatia de torrada de centeio.

Valor nutricional por porção: Calorias 184 kcal **Proteínas** 7 g **Carboidratos** 9 g **Gorduras** 5,5 g

L D A

hambúrguer de peru

RENDIMENTO: 4 porções
TEMPO DE PREPARO: 40 minutos, mais 20 minutos, para resfriar
TEMPO DE COZIMENTO: 10 minutos

Pão pode ser uma enorme armadilha (você come uma fatia e é tão gostoso que não para mais), mas o pão sírio é muito mais fácil de controlar. Com o peru rico em proteína e as gorduras saudáveis das nozes, essa é realmente uma refeição balanceada e saudável.

440 g de peito de peru cortado em cubinhos ou moído
4 cebolas pequenas picadas
2 colheres (sopa) de semente de gergelim
um fio de molho de soja
4 colheres (sopa) de folhas de coentro picadas, mais 1 colher (sopa), para polvilhar
1 maçã
um fio de azeite
sal e pimenta-do-reino moída na hora
4 pães sírios integrais cortados ao meio, para acompanhar

PARA A MAIONESE:
300 g de tofu macio amassado
1 dente de alho descascado
um punhado grande de folhas de manjericão picadas
1 colher (sopa) de mostarda de Dijon
1 colher (sopa) de vinagre de vinho tinto
uma pitada de adoçante natural à base de stevia ou xilitol

PARA A SALADA DE REPOLHO:
2 cenouras raladas
25 g de nozes picadas
¼ de repolho roxo ralado
3 colheres (sopa) de iogurte natural desnatado
suco de ½ limão-siciliano

1 Passe o peru pelo processador até ficar irregularmente picado. Transfira para uma vasilha e acrescente as cebolas, as sementes de gergelim, o molho de soja e o coentro. Tempere com sal e pimenta e misture até combinar bem. Com as mãos, divida a mistura em quatro partes iguais e faça uma bolinha com cada uma. Aperte para abrir espaço para o recheio.

2 Descasque, tire o miolo e rale a maçã. Recheie a bolinha de peru com a maçã. Achate as bolinhas na forma de um hambúrguer. Tampe e mantenha na geladeira por 20 minutos.

3 Enquanto isso, faça a maionese e a salada de repolho. Para a maionese, passe todos os ingredientes pelo processador lavado até ficar homogêneo. Tampe e leve à geladeira pelo tempo necessário. Para a salada de repolho, coloque as cenouras, as nozes e o repolho em uma tigela. Acrescente o iogurte e o suco de limão, tempere com sal e pimenta e misture bem. Tampe e leve à geladeira pelo tempo necessário.

4 Aqueça uma frigideira grande do tipo grill em fogo médio-alto e unte os dois lados dos hambúrgueres com um fio de azeite. Frite-os por 5 minutos de cada lado, até dourarem e ficarem totalmente cozidos, trabalhando em etapas, se necessário. Abra os pães sírios e coloque em cada um 1 hambúrguer, 2 colheres (sopa) de salada de repolho, 1 colher (sopa) de maionese e polvilhe com coentro. Sirva morno.

Valor nutricional por porção: Calorias 620,1 kcal **Proteínas** 46 g **Carboidratos** 61,5 g **Gorduras** 16,7 g

S L D A

latke com arenque defumado e creme de endro

RENDIMENTO: 4 porções
TEMPO DE PREPARO: 20 minutos, mais 20 minutos, para resfriar
TEMPO DE COZIMENTO: 45 minutos

200 g de batata cortada em cubos
1 ovo separado
⅓ de xícara (chá) de farinha integral (50 g)
uma pitada de fermento em pó
um fio de azeite
2 filés de arenque defumado, cada um com cerca de 50 g
1 pepino ralado e gelado, para acompanhar
sal e pimenta-do-reino moída na hora

PARA O CREME:
¾ de xícara (chá) de adoçante natural à base de stevia ou xilitol (150 g)
⅔ de xícara (chá) de vinagre de arroz (150 ml)
raspas e suco de 2 limões-sicilianos
¾ de xícara (chá) de iogurte natural desnatado (200 g)
2 colheres (sopa) de endro picado

1 Coloque as batatas em uma panela grande e cubra com água. Ponha para ferver em fogo médio-alto, abaixe o fogo e cozinhe por 20 minutos, até amaciar. Escorra bem e transfira para uma tigela grande. Tempere com sal e pimenta e amasse até ficar homogêneo. Deixe esfriar totalmente.

2 Enquanto isso, prepare o creme. Coloque o adoçante natural, o vinagre de arroz, as raspas e o suco de limão em uma panela. Aqueça em fogo baixo, mexendo, até dissolver o adoçante natural e ficar em ponto de calda. Retire do fogo, passe para uma vasilha e deixe esfriar um pouco. Misture o iogurte e o endro, então cubra e leve à geladeira.

3 Preaqueça o forno a 100°C. Acrescente a gema, a farinha e o fermento à batata amassada. Bata a clara em neve. Misture a clara em neve levemente com a batata até incorporar bem. Com as mãos, divida a mistura em oito partes iguais e faça círculos arredondados. Cubra e leve à geladeira por 20 minutos.

4 Unte uma frigideira antiaderente grande com um fio de azeite e aqueça em fogo médio-alto. Trabalhando em etapas, acrescente os latkes à frigideira e aperte com uma espátula. Frite por 3-5 minutos de cada lado, até ficarem bem dourados e crocantes. Retire da frigideira e mantenha-os aquecidos no forno enquanto prepara os demais latkes, untando novamente com um fio de azeite antes de colocar cada porção.

5 Enquanto isso, envolva o arenque em papel-alumínio e passe para uma panela a vapor ou um escorredor sobre uma panela com cerca de 5 cm de água e deixe ferver. Tampe e cozinhe no vapor por 8-10 minutos, até o peixe ficar totalmente aquecido. Divida o arenque, os latkes e o pepino em quatro porções iguais. Sirva com 1 colher (sopa) do creme de endro por cima.

Valor nutricional por porção: Calorias 422,5 kcal **Proteínas** 64,3 g **Carboidratos** 23,5 g **Gorduras** 18,3 g

S L D A

super viking

RENDIMENTO: 4 porções
TEMPO DE PREPARO: 5 minutos, mais 3 dias de cura

Pão torrado tem um IG menor do que pão normal e também mais amido resistente, o que vai ajudá-lo a se sentir satisfeito e manter seu apetite e bom humor estáveis por mais tempo. O tempo de preparo do salmão é um pouco assustador, mas a espera vale a pena.

- 800 g de filé de salmão com pele
- ¾ de xícara (chá) de adoçante natural à base de stevia ou xilitol (140 g)
- 100 g de sal grosso
- 30 g de raiz-forte fresca descascada e ralada
- 150 g de beterraba, descascada e ralada
- quatro punhados de endro picado, mais 1 colher (chá), para polvilhar
- 16 torradas, para acompanhar
- 1 beterraba cozida e cortada em cubos, para acompanhar

PARA O MOLHO:

- ¼ de xícara (chá) de iogurte natural desnatado (60 g)
- 15 g de raiz-forte fresca descascada e ralada
- gotas de limão-siciliano

1 Corte dois retângulos grandes de filme de PVC suficientes para envolver cada filé de salmão e disponha em uma camada dupla sobre uma tábua. Coloque o adoçante natural, o sal, a raiz-forte, a beterraba e o endro em uma vasilha e misture bem.

2 Espalhe metade da mistura de endro em uma camada homogênea sobre o filme de PVC. Coloque o salmão por cima, com a pele para baixo, e espalhe o restante da mistura de endro por cima. Embrulhe o salmão bem apertado com o filme e transfira o pacote para um recipiente maior ou fôrma. Coloque a tábua por cima do salmão e faça mais peso com pacotes de grãos ou latas de alimento. Deixe curar na geladeira por 3 dias. Abra o pacote a cada 24 horas e retire todo o líquido antes de embrulhar novamente, virando e colocando o peso por cima.

3 Depois de 3 dias, retire o salmão e descarte os líquidos restantes. Enxágue o peixe em água corrente fria, seque com papel-toalha e transfira para uma tábua. Usando uma faca afiada, corte o salmão em fatias bem finas, desprezando a pele.

4 Para fazer o molho, misture o iogurte, a raiz-forte e as gotas de limão em uma tigela. Divida as torradas e o salmão em quatro porções iguais. Por cima de cada torrada, coloque o salmão e mais 1 colher (sopa) do molho e um quarto da beterraba ralada. Polvilhe com o endro e sirva.

Valor nutricional por porção: Calorias 369 kcal **Proteínas** 55,1 g **Carboidratos** 16,9 g **Gorduras** 9,4 g

S L
D

sushi de arroz integral

RENDIMENTO: 4 porções
TEMPO DE PREPARO: 20 minutos, mais 30 minutos, para a maionese, e 10 minutos, para resfriar
TEMPO DE COZIMENTO: 45 minutos

1½ xícara (chá) de arroz para sushi integral (250 g)
⅓ de xícara (chá) de vinagre de arroz (80 ml)
2 colheres (sopa) de adoçante natural à base de stevia ou xilitol
4 folhas de alga nori
1 pimentão vermelho sem sementes e cortado em palitos
1 abacate cortado em fatias no comprimento
sal e pimenta-do-reino moída na hora
molho de soja, para acompanhar (opcional)
raiz-forte, para acompanhar (opcional)

PARA A MAIONESE:
190 g de tofu macio cortado grosseiramente
um punhado de folhas de manjericão picadas
2 dentes de alho descascados
1 colher (sopa) de azeite
1 colher (chá) de wasabi, mais um pouco para acompanhar

1 Lave o arroz em água fria corrente por 1 minuto, escorra e transfira para uma panela de fundo grosso. Despeje 2 xícaras (chá) e um quarto de água fria (535 ml) e deixe de molho por 30 minutos.

2 Prepare a maionese enquanto isso. Passe todos os ingredientes exceto o wasabi em um liquidificador ou processador até ficar uma pasta homogênea. Transfira para uma vasilha, tempere com sal e pimenta e misture o wasabi. Tampe e leve à geladeira pelo tempo necessário.

3 Leve o arroz de molho para ferver em fogo médio-alto. Abaixe o fogo, cubra com uma tampa bem apertada e cozinhe por 40 minutos, até toda a água ser absorvida. Retire a panela do fogo e deixe descansar, tampada, por 10 minutos. Aqueça o vinagre e o adoçante natural em fogo médio, mexendo sempre até o adoçante natural dissolver. Despeje sobre o arroz e misture bem.

4 Espalhe 2-3 colheres (sopa) de arroz em uma camada por igual sobre cada folha de alga nori, deixando um espaço de 2 cm na parte de cima e de baixo da alga para poder enrolar. Pressione o arroz com uma colher para criar uma base compacta e firme. Arrume dois pedaços do pimentão e do abacate no centro de cada folha e coloque por cima 2 colheres (chá) da maionese de tofu.

5 Enrole cada folha de nori – devem ficar como um rocambole. Pressione gentilmente para fechar as pontas dos rolos (o calor do arroz deve ser suficiente para grudá-las). Se não grudar, molhe as pontas com um pouquinho de água. Embrulhe os rolinhos bem apertados com filme de PVC e leve à geladeira por 10 minutos.

6 Desembrulhe. Descarte as pontas e corte cada rolinho em seis pedaços. Divida em quatro porções iguais e sirva com molho de soja e com o wasabi e a raiz--forte, se desejar.

Valor nutricional por porção: Calorias 349,6 kcal **Proteínas** 12,2 g **Carboidratos** 3,9 g **Gorduras** 12,6 g

"Quem não adora tikka masala de frango? Essa é uma versão saudável, com pouca gordura, dessa fast-food clássica."

S L
D

tikka masala de frango

RENDIMENTO: 4 porções
TEMPO DE PREPARO: 15 minutos
TEMPO DE COZIMENTO: 35 minutos

Em vez de acumular quilos pedindo comida em casa, você pode preparar a versão saudável do Fator S desse curry clássico. Vegetarianos podem substituir o frango por 500 g de tofu macio ou proteína de soja.

- ¾ de xícara (chá) de arroz integral (150 g)
- ¾ de xícara (chá) de quinoa (150 g)
- 2 colheres (chá) de óleo de coco ou azeite
- 1 cebola pequena bem picada
- 2 dentes de alho
- 3 cm de gengibre descascado e ralado
- uma pitada de coentro seco
- 1 colher (chá) de garam masala
- uma pitada de páprica
- uma pitada de pimenta-malagueta em pó
- 4 peitos de frango desossados e sem pele, cada um com cerca de 200 g cortados em pedacinhos; ou 500 g de tofu macio ou proteína de soja também cortado em pedacinhos
- 1 colher (chá) de purê de tomate
- 1 pimentão verde sem sementes cortado em pedaços
- 1 pimentão vermelho sem sementes cortado em pedaços
- suco de ½ limão-siciliano
- 1 maço de couve-flor em ramos
- ⅔ de xícara (chá) de ervilha congelada (100 g)
- ⅓ de xícara (chá) de iogurte natural desnatado (100 g)
- sal e pimenta-do-reino moída na hora
- 2 colheres (sopa) de coentro, para polvilhar

1 Lave o arroz em água corrente fria por 1 minuto e escorra. Coloque o arroz e a quinoa em uma panela de fundo grosso e cubra com água. Deixe ferver em fogo médio-alto, abaixe o fogo e mantenha por 20 minutos com a panela tampada até que a água seja absorvida. Retire a panela do fogo e deixe descansar, ainda tampada, por 10 minutos.

2 Enquanto isso, aqueça o óleo de coco em uma panela antiaderente em fogo médio-alto. Refogue a cebola e o alho por 4-5 minutos, até a cebola amolecer. Acrescente o gengibre, os temperos e uma pitada de sal e refogue, mexendo, por 1-2 minutos. Adicione o frango e refogue por mais 2 minutos, até dourar totalmente, então misture o purê de tomate, os pimentões e algumas gotas do suco de limão. Despeje 1 xícara (chá) de água (250 ml) e deixe ferver em fogo médio-alto. Abaixe o fogo e mantenha por 15-20 minutos, até o frango estar bem cozido e o molho encorpado.

3 Dez minutos antes do fim do tempo de cozimento, passe a couve-flor pelo processador até que pareça migalhas de pão irregulares. Transfira para uma panela ao vapor, acrescente as ervilhas e tampe, cozinhando por 2 minutos, até aquecer bem. Acrescente o suco de limão restante à couve-flor no vapor e tempere com sal e pimenta. Retire o curry do fogo e misture o iogurte. Divida o curry, o arroz com quinoa e a couve-flor em quatro porções iguais. Polvilhe com o coentro e sirva.

Valor nutricional por porção: Calorias 555 kcal **Proteínas** 46 g **Carboidratos** 80 g **Gorduras** 5 g

S L D A

carne de porco em crosta de ervas com batata assada

RENDIMENTO: 4 porções
TEMPO DE PREPARO: 20 minutos, mais 10 minutos de descanso
TEMPO DE COZIMENTO: 1 hora

Há momentos em que tudo que se quer é algo familiar. Esse prato de carne de porco é uma opção com pouca gordura do assado convencional, com uma crosta de aveia em vez da pururuca. O assado continua crocante e saboroso, mas com uma fração das calorias normais. É um campeão do Fator S!

450 g de lombo de porco sem pele e sem gordura
½ xícara (chá) de flocos de aveia (60 g)
¼ de xícara (chá) de migalhas de pão integral secas (25 g)
1 colher (sopa) de alecrim picado
1 colher (sopa) de geleia de damasco light
500 g de batata
um fio de azeite
1 colher (sopa) de folhas de tomilho picadas, mais alguns ramos, para decorar
sal grosso

1 Preaqueça o forno a 180°C. Misture em uma vasilha os flocos de aveia, as migalhas de pão e o alecrim. Esfregue a geleia na carne de porco, untando bem. Espalhe a mistura de aveia sobre a carne, pressionando bem para formar uma crosta. Asse por 1 hora, até ficar bem cozido. Se a crosta começar a queimar, cubra com papel-alumínio.

2 Enquanto o lombo está no forno, descasque as batatas e corte em quatro. Coloque-as em uma panela grande e cubra com água. Deixe ferver em fogo médio-alto, abaixe o fogo e cozinhe por 10 minutos. Escorra bem, sacudindo o escorredor para machucar as bordas das batatas – isso vai ajudá-las a ficar mais crocantes no forno.

3 Unte uma fôrma com um fio de azeite e espalhe as batatas em uma única camada. Regue com mais um fio de azeite, polvilhe com tomilho e tempere com sal. Asse por 25-30 minutos, virando uma vez, até dourar.

4 Retire a carne do forno, transfira para um prato e deixe descansar por 10 minutos antes de fatiar. Despeje os líquidos do cozimento em uma tigela e tire o excesso de gordura com uma escumadeira. Divida o lombo e as batatas em quatro porções iguais. Decore com os ramos de tomilho, regue cada uma das porções com o caldo do cozimento e sirva.

Valor nutricional por porção: Calorias 618 kcal **Proteínas** 28,5 g **Carboidratos** 71 g **Gorduras** 5,5 g

L D A

peixe, fritas e purê de ervilha

RENDIMENTO: 4 porções
TEMPO DE PREPARO: 15 minutos
TEMPO DE COZIMENTO: 40 minutos

O clássico *fish and chips* inglês geralmente tem a gordura nas alturas, mas aqui a crosta é integral e o peixe é assado. Também tem um acompanhamento com bastante fibra, ótimo para estabilizar o açúcar no sangue, a energia e o apetite.

- um fio de azeite
- 500 g de batata-doce descascada e cortada em fatias grossas
- 1 colher (chá) de sal e mais uma pitada para a farinha
- 3 fatias de pão integral torrado sem as cascas e cortado em pedacinhos
- 1 colher (sopa) de farinha integral
- 2 ovos batidos
- 4 filés de peixe sem pele e sem espinhas como pescada, cada um com cerca de 125 g
- 1 xícara (chá) de ervilha congelada (150 g)
- 2 colheres (sopa) de hortelã picada
- 4 colheres (sopa) de iogurte natural desnatado
- pimenta-do-reino moída na hora

1 Preaqueça o forno a 200°C e unte duas fôrmas com um fio de azeite. Coloque as batatas-doces em uma panela grande e cubra com água. Deixe ferver em fogo médio-alto, abaixe o fogo e cozinhe por 5-8 minutos. Escorra bem, sacudindo o escorredor para machucar as bordas das batatas – isso vai ajudar a deixá-las mais crocantes no forno.

2 Espalhe as fatias de batata em uma camada única em uma das fôrmas. Regue com um fio de azeite e polvilhe com sal. Asse por 25-30 minutos, virando uma vez, até dourar.

3 Enquanto isso, passe o pão torrado pelo processador até formar migalhas irregulares. Em pratos separados, coloque as migalhas, a farinha e os ovos. Tempere a farinha com sal e pimenta.

4 Passe cada filé na farinha e empane bem, retirando o excesso, depois passe nos ovos e então nas migalhas. Transfira o peixe para a segunda fôrma e asse por 20 minutos, até ficar dourado e crocante.

5 Dez minutos antes do fim do tempo de cozimento, coloque as ervilhas em uma panela e cubra com água. Deixe ferver em fogo médio-alto por 3-4 minutos, até ficarem macias. Escorra bem, volte para a panela e amasse irregularmente. Acrescente a hortelã e o iogurte e misture bem. Divida o peixe, as batatas e as ervilhas em quatro porções iguais e sirva.

Valor nutricional por porção: Calorias 542 kcal **Proteínas** 11,3 g **Carboidratos** 43,8 g **Gorduras** 5,5 g

S D A

pacotinho de atum japonês com verdura abafada

RENDIMENTO: 4 porções
TEMPO DE PREPARO: 40 minutos
TEMPO DE COZIMENTO: 20 minutos

Eis aqui um prato ótimo para servir aos amigos no jantar. As postas de atum são assadas em pacotinhos que os convidados podem desembrulhar na mesa e ter uma grande surpresa! O atum ainda é cheio de gorduras essenciais e proteínas.

- 2 colheres (chá) de semente de gergelim
- 4 postas de atum com cerca de 150 g cada; ou 600 g de tofu cortado em cubinhos
- 3 cm de gengibre descascado e cortado em fatias com um descascador de legumes
- 2 talos de aipo picados
- 4 cebolinhas bem picadas
- ¼ de colher (chá) de grãos de caldo dashi
- 3 colheres (sopa) de mirin ou sherry seco
- 2 colheres (sopa) de molho de soja
- 300 g de quinoa cozida ou 4 batatas assadas, para acompanhar

PARA A VERDURA ABAFADA:

- 2 colheres (sopa) de molho de soja
- gotas de vinagre de vinho branco
- 3 cm de gengibre descascado e ralado
- gotas de suco de laranja
- 1 colher (chá) de tahine
- 100 g de folhas novas de espinafre

1 Preaqueça o forno a 230°C e corte quatro retângulos de papel-manteiga, cada um grande o suficiente para envolver uma posta de atum. Aqueça a frigideira antiaderente em fogo médio. Toste as sementes de gergelim por 1 minuto, mexendo às vezes, até dourar. Cuidado para não queimar. Retire do fogo e reserve.

2 Lave as postas de atum em água corrente fria e seque com papel-toalha. Coloque uma posta no centro de um pedaço de papel-manteiga e por cima coloque um quarto do gengibre, do aipo e da cebolinha. Reserve.

3 Ponha o dashi, o mirin e o molho de soja em uma panela. Aqueça em fogo brando, mexendo, até dissolver o dashi completamente.

4 Polvilhe um quarto da mistura de dashi e gergelim tostado sobre cada posta de atum. Junte as quatro pontas do papel e amarre com barbante culinário, fazendo quatro pacotinhos. Leve ao forno por 12 minutos, até as postas ficarem opacas e bem cozidas.

5 Enquanto isso, aqueça um wok em fogo médio. Adicione todos os ingredientes para a verdura, exceto o espinafre, e mexa até incorporar. Aos poucos acrescente o espinafre no wok e sacuda por 2 minutos, até murchar e ficar bem envolvido no molho. Divida as verduras em quatro porções iguais e acrescente um pacotinho de atum em cada prato. Sirva com a quinoa cozida ou as batatas assadas.

Valor nutricional por porção: Calorias 192 kcal **Proteínas** 59 g **Carboidratos** 1,5 g **Gorduras** 3,4 g

S L D A

minipavlova de manga e maracujá

RENDIMENTO: 4 porções
TEMPO DE PREPARO: 15 minutos, mais o tempo para resfriar
TEMPO DE COZIMENTO: 20 minutos

Não dá para fazer suspiros sem açúcar (tentei com adoçante natural e ficaram murchos), mas há bastante proteína das claras para compensar. Manga é rica em amido resistente que acelera o metabolismo e diminui o apetite – então essa receita é especialmente útil se você tem problemas com a leptina.

2 claras
½ colher (chá) de maisena
½ colher (chá) de vinagre de maçã ou de vinho branco
½ xícara (chá) de açúcar mascavo (90 g)
⅔ de xícara (chá) de cream cheese light (150 g)
2 colheres (chá) de calda de agave
1 manga fatiada
1 maracujá cortado ao meio, para acompanhar
25 g de pistache picado, para decorar

1. Preaqueça o forno a 160°C e forre uma fôrma com papel-manteiga. Bata as claras em neve. Acrescente a maisena e o vinagre e continue batendo. Aos poucos vá incorporando o açúcar, sempre batendo, até que forme picos duros e brilhantes.

2. Coloque um quarto da mistura em uma fôrma criando um círculo e achate ligeiramente com a colher. Repita com a mistura restante criando quatro círculos bem afastados. Leve ao forno por 20 minutos, até que fique firme por fora mas macio no centro. Retire do forno e deixe esfriar.

3. Misture o cream cheese e a calda de agave até incorporar bem. Por cima de cada pavlova coloque um quarto da manga e 2 colheres (sopa) do cream cheese. Retire a polpa do maracujá e coloque por igual sobre cada pavlova, polvilhe com pistaches e sirva.

Valor nutricional por porção: Calorias 221 kcal **Proteínas** 6,9 g **Carboidratos** 43 g **Gorduras** 3,6 g

"Sobremesas individuais são uma boa forma de evitar excessos, já que é menos provável que você repita se isso significa encarar um pudim inteiro de novo."

S L

minipudim de verão

RENDIMENTO: 6 porções
TEMPO DE PREPARO: 15 minutos, mais o tempo para resfriar e mais 4 horas na geladeira
TEMPO DE COZIMENTO: 15 minutos

um fio de azeite
½ xícara (chá) de adoçante natural à base de stevia ou xilitol (100 g)
raspas de ½ limão-siciliano
400 g de frutas vermelhas como groselha, framboesa e amora
24 fatias finas de pão integral sem côdea
sementes de uma fava de baunilha; ou 2 gotas de extrato de baunilha
⅓ de xícara (chá) de iogurte natural desnatado (100 g)

1 Unte seis forminhas de pudim de 175 ml com um fio de azeite e forre com filme de PVC, deixando filme suficiente para cobrir os pudins. Coloque o adoçante natural, as raspas de limão e um quarto de xícara (chá) de água (75 ml) em uma panela e aqueça em fogo baixo mexendo sempre, até dissolver o adoçante natural e ficar em ponto de calda. Aumente o fogo para médio e deixe engrossar por 5 minutos. Retire a panela do fogo e deixe esfriar um pouco.

2 Bata metade da calda mais 50 g das frutas vermelhas no liquidificador até ficar um purê homogêneo. Passe a mistura por uma peneira e descarte as sementes.

3 Acrescente as frutas vermelhas restantes à calda que ficou na panela. Aqueça em fogo baixo e cozinhe por 1-2 minutos, até as frutas começarem a amolecer. Adicione a calda batida no liquidificador e misture bem. Separe o líquido das frutas em duas vasilhas e deixe esfriar totalmente.

4 Pegue 6 fatias de pão e, usando a base de uma das forminhas de pudim como molde, corte seis círculos. Descarte o que sobrou. Mergulhe os círculos de pão e as fatias restantes na calda até embeber bem, mas sem encharcar, e transfira para um prato. Leve à geladeira todo o líquido que sobrou.

5 Unte o fundo e as laterais de cada forminha com três fatias de pão embebido, então recheie com as frutas reservadas distribuídas por igual. Por cima coloque a fatia redonda de pão embebido para cobrir e cubra a parte superior com o filme de PVC. Coloque um ramequim por cima de cada pudim e faça peso com sacos de feijão ou latas de conserva. Leve à geladeira por 4 horas.

6 Misture as sementes de baunilha e o iogurte natural. Vire os pudins e regue com os líquidos reservados por cima. Sirva cada um com um quarto do iogurte.

Valor nutricional por porção: Calorias 346 kcal **Proteínas** 4,7 g **Carboidratos** 22 g **Gorduras** 3,6 g

L D A

torta americana de abóbora

RENDIMENTO: 8 porções
TEMPO DE PREPARO: 15 minutos, mais 20 minutos, para resfriar e gelar
TEMPO DE COZIMENTO: 1 hora

Os americanos costumam usar abóbora em tortas doces. Ela é boa para quem faz a dieta do Fator S por ter amido resistente que ajuda a equilibrar os níveis de leptina. Também tem baixo IG, então mantém energia, humor e compulsão sob controle.

PARA A MASSA:
um fio de azeite
⅔ de xícara (chá) de farinha de trigo integral (100 g)
1 xícara (chá) de amêndoa moída (90 g)
¼ de xícara (chá) de adoçante natural à base de stevia ou xilitol (50 g)
100 g de manteiga gelada em cubinhos
½ gema

PARA O RECHEIO:
500 g de abóbora sem sementes cortada em cubos
3 ovos batidos
3 colheres (sopa) de adoçante natural à base de stevia ou xilitol
1½ colher (chá) de canela em pó, mais um pouco para polvilhar
1 colher (chá) de gengibre moído
uma pitada de pimenta-da-jamaica moída
uma pitada de cravo moído
uma pitada de cardamomo moído
uma pitada de sal
4 colheres (sopa) de iogurte natural desnatado

1. Unte uma fôrma de torta de base removível de 20 cm com um fio de azeite. Passe todos os ingredientes da massa, exceto a gema, pelo processador pulsando até a mistura se assemelhar a migalhas de pão irregulares. Acrescente a gema e pulse novamente para formar uma massa macia.
2. Pressione a massa no fundo (não nas laterais) da fôrma de torta e leve ao freezer por 20 minutos. Preaqueça o forno a 190°C. Retire a fôrma do freezer e pré-asse por 15 minutos, até dourar.
3. Enquanto isso, prepare o recheio. Coloque a abóbora em uma panela de vapor ou em um escorredor sobre uma panela com cerca de 5 cm de água e deixe ferver. Cubra e cozinhe no vapor por 10-15 minutos, até amaciar. Passe por uma peneira e aperte para retirar o máximo possível de água, descartando a água. Amasse completamente a abóbora até ficar uma pasta homogênea. Deixe esfriar completamente.
4. Em uma vasilha grande, bata os ovos e o adoçante natural. Acrescente a abóbora amassada, as especiarias e o sal e mexa até incorporar.
5. Retire a fôrma do forno e coloque o recheio sobre a massa. Leve ao forno por 10 minutos, abaixe a temperatura para 180°C e asse por mais 30 minutos, até que um palito inserido no centro saia limpo.
6. Retire a torta do forno e deixe esfriar totalmente na própria fôrma. Solte a torta da fôrma e transfira para o prato de servir. Espalhe o iogurte em uma camada homogênea sobre a torta. Polvilhe com canela, corte em oito pedaços iguais e sirva.

Valor nutricional por porção: Calorias 255 kcal **Proteínas** 5,2 g **Carboidratos** 11 g **Gorduras** 18,6 g

S A

trufa de chocolate e abacate

RENDIMENTO: 6 porções (18 trufas)
TEMPO DE PREPARO: 15 minutos, mais pelo menos 1 hora, para resfriar

Esses são meus chocolates favoritos, uma guloseima saudável se você não perder a cabeça. O abacate dá uma textura sedosa ao substituir o creme de leite. Você não sente o gosto dele nas trufas e – não se preocupe – elas também não ficam verdes, por causa do cacau.

2 abacates pequenos picados
60 g de manteiga de cacau
3 colheres (sopa) de calda de agave (50 ml)
½ xícara (chá) de cacau em pó peneirado (60 g), mais um pouco para polvilhar

1 Passe todos os ingredientes em um processador até ficar uma mistura homogênea.

2 Polvilhe uma vasilha rasa com 3 colheres (sopa) de cacau em pó. Passe um pouco mais de cacau em pó nas mãos e divida a mistura em dezoito partes iguais. Faça bolinhas e passe pelo cacau em pó até cobrir totalmente, tirando o excesso.

3 Transfira para um prato e leve à geladeira por 1-2 horas. Divida em seis porções iguais e sirva.

Valor nutricional por porção: Calorias 242 kcal **Proteínas** 3,2 g **Carboidratos** 8,2 g **Gorduras** 61,5 g

L A

cupcake de batata-doce e pecã

RENDIMENTO: 12 porções (12 cupcakes)
TEMPO DE PREPARO: 20 minutos, mais o tempo para resfriar
TEMPO DE COZIMENTO: 50 minutos

Eis aqui uma boa alternativa ao bolo de cenoura. Batatas--doces têm uma doçura semelhante, mas são mais ricas em amido resistente, então são melhores para criar uma sensação de saciedade, importante para quem tem falta de leptina.

225 g de batata-doce cortada em cubos
½ xícara (chá) de iogurte natural desnatado (125 g)
1 ovo batido
1 colher (chá) de extrato de baunilha
⅔ de xícara (chá) de farinha com fermento (80 g)
⅔ de xícara (chá) de farinha de trigo integral (100 g)
1 colher (chá) de fermento em pó
½ colher (chá) de canela em pó
uma pitada de gengibre moído
uma pitada de pimenta-da-jamaica moída
uma pitada de sal
½ xícara (chá) de adoçante natural à base de stevia ou xilitol (115 g)
1½ xícara (chá) de pecã picada (150 g), mais 12 metades, para decorar

PARA A COBERTURA:
1 xícara (chá) de cream cheese light (250 g)
½ xícara (chá) de adoçante natural à base de stevia ou xilitol (110 g)

1 Preaqueça o forno a 180°C e coloque doze forminhas de papel de cupcake em uma fôrma própria com doze cavidades. Coloque as batatas-doces em uma panela, cubra com água e deixe ferver em fogo médio-alto. Abaixe o fogo e cozinhe por 20-25 minutos, até ficarem bem macias. Escorra bem e deixe esfriar um pouco. Transfira para uma vasilha grande e amasse até ficar homogêneo.

2 Acrescente o iogurte, o ovo e o extrato de baunilha e misture bem. Peneire as farinhas, o fermento, as especiarias e o sal em outra vasilha e então misture o adoçante natural. Aos poucos incorpore a mistura de farinha à de batata-doce, com cuidado para não mexer demais. Junte as pecãs picadas e divida a mistura proporcionalmente nas forminhas de cupcake.

3 Leve ao forno por 20-25 minutos, até que fiquem firmes ao toque e um palito inserido no meio saia limpo. Retire do forno e deixe esfriar na fôrma por 5 minutos, então transfira para uma grade metálica e deixe esfriar totalmente.

4 Para a cobertura, bata o cream cheese e o adoçante natural. Espalhe 2 colheres (sopa) da cobertura sobre cada cupcake, decore com meia pecã e sirva.

Valor nutricional por porção: Calorias 198 kcal **Proteínas** 4 g **Carboidratos** 14,8 g **Gorduras** 12,5 g

brownie de cranberry com muitas proteínas

S ◯
D ◯

RENDIMENTO: 6 porções (12 brownies)
TEMPO DE PREPARO: 10 minutos, mais o tempo para resfriar
TEMPO DE COZIMENTO: 25 minutos

Esses brownies ricos em proteína são ótimos para equilibrar os níveis de serotonina e dopamina. Têm o sabor delicioso e doce do chocolate, mais as cranberries que acrescentam um bom azedinho. É o lanche perfeito para a hora de dormir.

um fio de azeite
⅔ de xícara (chá) de farinha com fermento (75 g)
⅓ de xícara (chá) de cacau em pó (40 g)
¾ de xícara (chá) de adoçante natural à base de stevia ou xilitol (175 g)
25 g de nozes picadas
⅓ de xícara (chá) de iogurte de baunilha desnatado (100 g)
3 ovos batidos
1 colher (chá) de extrato de baunilha
1½ colher (chá) de azeite
25 g de cranberry

1 Preaqueça o forno a 180ºC e unte uma fôrma de 18 x 18 cm com um fio de azeite. Peneire a farinha e o cacau em pó em uma vasilha, então acrescente o adoçante natural e as nozes e misture bem. Em outra vasilha, bata o iogurte, os ovos, a baunilha e o azeite. Aos poucos acrescente a mistura de ovos e bata até incorporar, tomando cuidado para não bater demais. Misture as cranberries com cuidado.

2 Coloque a mistura na fôrma e leve ao forno por 25 minutos, até ficar firme ao toque e até que um palito saia limpo ao ser inserido no centro.

3 Retire do forno e corte em doze quadrados iguais. Transfira para uma grade metálica e deixe esfriar totalmente antes de servir.

Valor nutricional por porção: Calorias 163,5 kcal **Proteínas** 5 g **Carboidratos** 12,9 g **Gorduras** 10,1 g

"Brownies realmente não fazem bem para você, não é? Ora, se forem preparados com iogurte e ovos, cheios de proteínas, eles fazem, sim!"

S L

pretzel com calda de chocolate

RENDIMENTO: 4 porções
TEMPO DE PREPARO: 10 minutos, mais 10 minutos, para resfriar
TEMPO DE COZIMENTO: 5 minutos

Chocolate é uma maneira fantástica de equilibrar a serotonina, mas não tem por onde escapar – é cheio de calorias. Para manter o peso sob controle, você tem de fazer um pouquinho de chocolate render muito. Esses pretzels têm chocolate suficiente para satisfazer os chocólatras sem pesar na balança.

75 g de chocolate amargo com 70% de cacau, cortado em quadradinhos
50 g de minipretzel salgado

1 Forre uma grade metálica com papel-manteiga. Derreta o chocolate em banho--maria em fogo baixo ou coloque-o em uma vasilha de vidro no micro-ondas em ciclos de 10 segundos – observe cuidadosamente para não queimar.

2 Mergulhe um lado de cada pretzel no chocolate derretido e transfira para a grade. Deixe esfriar um pouco e leve à geladeira por 10 minutos. Divida em quatro porções iguais e sirva.

Valor nutricional por porção: Calorias 140 kcal **Proteínas** 1,3 g **Carboidratos** 18,3 g **Gorduras** 6,3 g

cookie amanteigado de amêndoa

RENDIMENTO: 6 porções (12 cookies)
TEMPO DE PREPARO: 10 minutos, mais o tempo de resfriar e 10 minutos na geladeira
TEMPO DE COZIMENTO: 10 minutos

Em geral, o cookie amanteigado é feito com creme de amendoim, mas essa oleaginosa não apresenta valores nutricionais tão bons quanto outras frutas secas, como as amêndoas usadas nessa receita. Pode-se comprar manteiga de amêndoa em lojas de produtos naturais, assim como a proteína whey, que substitui a farinha.

- 50 g de manteiga em temperatura ambiente
- 30 g de manteiga de amêndoa
- 2 colheres (sopa) de calda de agave
- ⅔ de xícara (chá) de farinha de arroz integral (100 g)
- 100 g de proteína whey (proteína do soro do leite) de chocolate
- ½ colher (chá) de fermento em pó
- 20 g de amêndoa em flocos
- 25 g de chocolate branco picado grosseiramente

1 Preaqueça o forno a 180°C e forre uma fôrma com papel-manteiga. Coloque as manteigas e a calda de agave em uma vasilha e bata até ficar leve e fofo. Adicione a farinha de arroz, a proteína whey e o fermento em pó. Bata lentamente até misturar bem, mas sem mexer demais.

2 Coloque as amêndoas em uma vasilha rasa. Com as mãos, divida a massa dos cookies em doze partes iguais e faça bolinhas. Role-as pelas amêndoas e transfira para a fôrma, deixando-as bem separadas. Aperte a parte de cima com uma espátula e leve ao forno por 8-10 minutos, até dourar. Retire do forno e deixe esfriar completamente.

3 Forre uma grade metálica com papel-manteiga. Derreta o chocolate em banho-maria em fogo baixo ou coloque-o em uma vasilha de vidro no micro--ondas em ciclos de 10 segundos – tome cuidado para não queimar. Despeje o chocolate por igual sobre os cookies e transfira para a grade metálica. Deixe esfriar até o chocolate endurecer e leve à geladeira por 10 minutos. Divida em seis porções iguais e sirva.

Valor nutricional por porção: Calorias 153 kcal **Proteínas** 18 g **Carboidratos** 14,5 g **Gorduras** 13,8 g

considerações finais

Quis terminar este livro com minhas reflexões, algo que fosse encorajador e inspirador.

Sem dúvida, eu teria adorado ter alguém ao meu lado nos anos em que passei lutando contra a comida. A obsessão por comida traz isolamento. O diálogo dentro da cabeça sobre o que você comeu hoje, o que não deveria ter comido e o que não vai comer amanhã pode ser cansativo – especialmente se não for compartilhado com alguém.

Vejo um monte de pessoas inteligentes e bem-sucedidas em minha clínica que dominam todos os aspectos de suas vidas, exceto seus hábitos alimentares. Elas mantêm a obsessão por comida em segredo por constrangimento e vergonha. Sentem-se impotentes. Vou dizer a você o que digo a elas: "Você não é impotente". Seu poder está mergulhado em um tsunami hormonal. Coloque seus hormônios do Fator S para funcionar direito e você pode recuperar seu equilíbrio em todos os sentidos.

É preciso trabalhar para isso, mas a recompensa vem surpreendentemente rápido. Uma vez que seus hormônios estejam equilibrados, é incrível como as compulsões cedem. Faça uma refeição de cada vez e faça o melhor que puder. Você não precisa ser perfeito. O ótimo é inimigo do bom.

Um problema de muitos de meus clientes é aguentar a pressão das outras pessoas para que comam alimentos que não estão no plano do Fator S. Minha resposta é educada, mas firme. É sempre bom lembrar: "Não" é uma sentença completa. Você não tem de explicar ou justificar por que não quer comer aquela fatia de pizza ou um bolo de chocolate. Diga apenas "não, obrigada" e acabou.

A dieta do Fator S não vem com varinha de condão. Terminar o programa não significa que você nunca mais vai ter vontade de comer um chocolate – é difícil perder o costume. Quando eu abuso, muito rapidamente entro em um redemoinho de estresse – paro de me cuidar e de comer direito. Felizmente, hoje consigo sair desses furacões bem rápido. O que é bom em relação a ter um sinal de alerta é que quando você volta a comer bem, descobre novamente como se sente muito melhor dessa forma.

Inevitavelmente às vezes você vai tropeçar. É uma maratona, e não uma corrida de 100 m. Se você realmente teve um dia ruim, volte aos trilhos no dia seguinte. O fantástico sobre o peso é que é uma das poucas coisas na vida em que sempre se tem uma segunda, terceira, quarta chance... Cometa um erro em seu trabalho e você pode ser demitido, faça algo terrível a seu companheiro e seu relacionamento pode acabar. Mas se comer um pacote inteiro de biscoitos, no dia seguinte você pode se levantar e começar de novo. Nunca é tarde para comer direito, investir em si mesmo e ter o corpo que se quer ter.

Eu me despeço dizendo: "Seja gentil com seu corpo – e com você".

índice